私に都合のいい人生をつくる

下田美咲

大和書房

最初に伝えておきたいこと

「いつかは幸せな人生をつかみたい！」と考えている人は多いけれど、それは幸せについてだいぶ誤解をしている。

はっきりいって、どれだけ努力をしても幸せは絶対につかめない。

なぜなら幸せというのは、何かを達成したその時点で「ここから先は幸せ！」みたいにゴールできるようなものではなくて、すごく瞬間的な感情だから。

いつか幸せをつかむ、じゃなくて、「今すぐ幸せになって、その後は常に幸せでいられるように段取りをし続ける！」と考えることが、幸せな人生を送るための基本だ。

つまり、「いつか」なんて悠長なスタンスで幸せを目指していると、いつまでも幸せな人生は始まらないから、早急に幸せを感じたがるべき。

そもそも「いつか」なんて日は存在しない。それ、いつから言ってるの？　という話だし、それをいうなら、今だっていつかの「いつか」だ。

つまり「いつか」は、一生来ない。


幸せな未来に辿りつく方法とは、幸せな今日を連続させることだ。

できるだけ多くの幸せを勃発させて、頻繁に「あ〜、今まさに幸せ！」と思えていることが、幸せな人生を送るということなのだと思う。


だから私は、「いつか」のために今を犠牲するような生き方は絶対にしない。

一生来ない「いつか」のために、今を耐えて過ごすなんて、借金の保証人になるくらい馬鹿げた行動だと思う。

＊

幸せな人生を送るためには、ひとつだけ絶対に欠かせないものがある。

〝私は幸せになる！〟〝幸せでいる！〟という決意だ。

幸せになれていない人と幸せに生きている人の一番の違いは、本人が〝幸せになる〟〝幸せでいる〟ということを「決意しているかどうか」だ。幸せに生きている人はみんな必ず、幸せに過ごすことを目的にした企画として自分の人生を取り扱っている。

そこがしっかりしていないと、人は幸せになるための行動を起こせない。それをやる動機や勇気を出す理由が、いつも足りない感じになってしまう。「絶対に不幸を避ける！」という気合いも入らない。

愚痴ばかり言っている人は、もれなく幸せになる決意が固まっていない。自分の人生の最優先を〝幸せでいる〟に設定していないから、「気まずい」とか「言いづらい」とか「角が立ちそう」とか「嫌われたらどうしよう」とか「勇気が出ない」

とか、目先の「行動を起こさないほうが安全。このままでいるほうが楽」が優先されている。

だから「別れればいいじゃん」「辞めればいいじゃん」と言っても、「いやでもちょっと……」というふうになる。そうしてずっと同じ文句を言っている。

「幸せが最優先！」という意志を持つと、「でもちょっと……」とは、まず言わなくなる。だって、それは幸せになれる可能性を捨ててしまう発言だから。

幸せになりたいなら、それを言ったらおしまいだから。

私は今、24時間体制で「幸せだなぁ」と思っている。

今日みたいな日がずっと続いてほしい。こういう状態を幸せと呼ぶのだと思う。

幸せであることを自覚するたびに、「何なんだろうこれは。こんなにいい人生ってありえるのか？」と思うし、「嘘みたいな人生だよなぁ」とうさんくささを感じてもいる。

だって、人生がこんなにいいものだとは、誰も言っていなかった。世の中に山ほどいる人生の先輩たちはみんな、人生のことをかなり嫌なものとして教えてきた。「つらくて大変なことばっかり」で、「ぜんぜん報われない」、そんなふうに説明されたことしかない。

しかし今、私の人生には何ひとつ嫌なことがない。我慢や苦労とは無縁の日々が続いていて、夢も仕事もプライベートも、全部が思い通りになっている。

血反吐を吐くような努力などしていないけれど、抱いた夢は一通り叶ったし、都合のよい時間に疲れない程度に好きなことをしているだけで高収入を維持できている。結婚も妊娠もしたけれどセックスレスにはなっていないし、毎日、今が一番ラブラブ。夫のことは今日が一番好き。

こうなりたい、こんなふうに生きたいと願ったことが全て叶った。

「生き方次第で、人生ってこんなにいいものにできるんだね、ビックリ」というのが28歳の私の率直な感想で、どんな生き方をしたらそうなれたのかを、この本には綴ってみようと思う。

この本は、「人に好かれる」「恋愛」「仕事」「お金」という4つの章立てになっている。この4つは私が幸せな人生を送るために重要視してきたことで、これらを制したときに私は、24時間体制で「幸せだなぁ」と思えるようになった。人に好かれた分だけ願いは叶いやすくなるし、恋愛と仕事は両立できるどころか相乗効果があるから並行するべきだし、お金に振り回されないためにはお金がたくさんいる。

人生の先輩たちが言っていたように、基本的には、人生ってかなり嫌なものなんだと思う。運命に身を任せ、反射的な言動だけをして、なんとなく流れるように生きていたら、こんなに幸せな状態は絶対に手に入らなかった。そのことは幸せ者として断言できる。

幸せになりたいのなら、まず「今、なぜ幸せじゃないのか」を分析して、それから「では、何をどう補えば幸せになれるのか？」と考える必要がある。幸せになる・幸せでいるためにはそのための行動が必須で、なんとなく生きたその先に自然に幸せになれるほど、人生のデフォルトは素敵じゃない。

〝幸せになる！〟と決意をして進むこと。

〝幸せでいる！〟とこだわり続けること。

その先にしか幸せな人生などありえない。

この本を手に取ってくれたあなたに、著者として、ひとつだけお願いがあります。

どうか、今すぐ〝幸せになる〟〝幸せでいる〟という決意をしてください。それができないと、この本を読んでもムダです。

「今日みたいな日がずっと続いてほしい」という日常が、手に入りますように。

幸せになる決意、固まった？

もくじ

2 恋愛 恋をしないなんて女体の持ち腐れ 63

3 仕事

得意なことだけをする。好きな人とだけ組む 123

4 お金

私にやさしい
世界をつくる

人に好かれる

1

人からどう思われるかが、何よりも重要

相手のいいとこ取りをして生きていく

「人からどう思われるかなんて、どうでもいいの」などと言う人もいるけれど、私は、人からどう思われるかはかなり重要なことだと思っている。

なぜなら、人は、好きな相手に対してはいい顔をする。意地悪なことを言わないし、なるべく力になってあげたいと考えたりする。つまり、好かれる＝いい顔をしてもらえる。

誰だって色んな顔を持っていて、やさしい考えも残酷な考えも持っているけれど、相手から好かれていると、そのうちのいい面のみで接してもらうことができる。そ

の人のいいとこ取り状態になれる。

人から好かれた分だけ人生は快適なものになると、そのことに私が最初に気づいたのは恋愛感情に触れたときだった。私のことを好きな男の子は、必ず私にいい顔をしてくれた。

モテる、ということは、その分だけいい顔をしてくれる相手が増えるということだ。モテることは、「美咲のためなら！」と動いてくれる相手が増えることだった。

小学生の頃、掃除の時間に机運びをやらないですんだのは男の子が代わりに運んでくれたからだったし、高校生の頃、苦手なパソコンの設定に苦戦しないですんだのは「苦手なんだよね、やってくれると助かる」の一声でクラスメイトが家までやりに来てくれたからだ。

好かれる、というのは便利だ。好かれた量だけ、人生は快適になる。

女友達も、そうだった。私のことを「大好き！」と言ってくれる友人は同性であっても、いつも私の力になってくれた。

「行きたい飲み会があるのだけど口説かれるのが面倒くさい」と言えば「私がサバく係やるわ」と同席して本当にサバいてくれたし、「今日は泥酔するまで飲みたいけど持ち物をなくしそうで不安」と言えば「私が預かっておいて、帰りにちゃんと持たせるわ」と責任を持ってくれた。「遊んでみたい男の子がいるけど、いきなりデートは恥ずかしい」と言えば「グループ遊びの予定を立ててくれたら、私が付き添うよ！　で、当日は、あなたがほしいパスを教えてくれれば出すようにする」と力になってくれた。女友達はいつも、私の人生の駒となり、サポートしてくれた。

逆に、人から嫌われることは、すごく世知辛い世界で生きていくことだ。クラスメイトから嫌われたら学校は地獄になるように。

私に対してやさしい人であればいい

人からどう思われているかが自分の世界だ。こちらのことを好きなのか嫌いなのか、相手の態度はそれ次第で、まるで違うものになる。

「世の中」とは誰にとっても同じものなわけではなく、人の数だけ見え方があって、周囲からどんな対応をされているのかがその人にとっての「世の中」になっている。好かれた分だけ、自分にとっての「世の中」はやさしいものになる。世界がイイモノになる。

私は、やさしい世界で生きていきたい。登場人物がみんなやさしい物語の中で生きていたい。意地悪をされたくないし、きついことを言われたくない。ヒドい顔、コワい顔、悪い顔、嫌な顔。そういう側面は、誰もが持っていると思うけれど、私には発揮しないでほしい。関わる相手からは、必ず可愛がられたい。可愛いがられて生きていくほうが幸せだ。

それに可愛がってもらえれば、私も相手のことを好きになれる。つまりいい顔ができる。

人にヒドいことを言ったり、意地悪したい気持ちになる機会なんて、ないほうがカラダにいい。ずっといい顔だけして人と関わっていけるのなら、それがベストだ。

私の周りの人たちはみんな、私にめちゃくちゃやさしいけれど、私にやさしいだけで、やさしいキャラというわけではない。

その人がやさしい人なのかどうかと、自分にやさしくしてくれるかどうかは別の話だ。その人の通常運転が意地悪キャラであれ、「私に」やさしければ何の問題もない。とにかく、私のことを好きな人は私にやさしい。だから、私は人に好かれたい。

世界は変えられなくても、自分の目に映る世界はいくらでも変えられる。「私に」やさしい人がいっぱい居る世界で生きていけるように、私は人から好かれることを重要視している。

「ブレない自分」なんていらない

私という人格は存在していない

　裏がある女のことを嫌いな女性は多い。
「人間、裏表がないほうがいいに決まっている！　そんなのにダマされるのはバカな男だけだし、利口な人には見抜かれるに決まってる。しょせん通用しないわ」と、まるで「正義は勝つのよ」とでも言いたげなテンションで語る生真面目女子に、これまで何度も遭遇したことがある。

　しかし、私は裏表があるどころか、はっきりいって多重人格だ。というか「知人の数だけ私がいる」と思う。人に出会った分だけ、私の種類は増えてきた。

そもそも「私」という人格は存在していない。どの「私」にしろ、それは他人との間に発生する現象で、目の前の相手との化学反応だ。人格はいつもその場で作られている。必ずできたてホヤホヤだ。

学生時代の私は、萎縮させてくるようなタイプの大人と接すると何も言えなくなって「大人しい子」と言われていた。一方で、おだてて調子に乗せてくれるタイプの大人と接すると「よく喋る快活な子」だと言われていた。寒いギャグを言うおじさんからは「愛想笑いが下手だなぁ」と言われ、ギャグセンの高いお兄さんからは「何にでも笑うね。箸が転がってもおもしろい年頃だもんね」と言われた。

いつだって、その日の私がどんな人になるのかは、相手がどんな人か次第だった。人には「性格」など、あってないようなものだ。

自分の「性格」とは、相手との掛け算の答えだ。その元になる数字は人それぞれあって、個性があるものだけれど、その人の前でどんな自分になるのかは、相手の数字ありきで、答えは相手によって変わる。

裏表なんてもんじゃなく、数え切れないほどある私の人格はどれも「相手が引き出してくれてる私」だ。

うまく話せないのは自分のせいじゃない

「この人と話してると言いたいことが言えない……」というときに「自分の気が小さいからだ」と考えてしまう人が多いけれど、それはその人との掛け合わせだと、そういう自分が弾き出されてしまう相性なだけ。そういう人のそばでは過ごさないほうがいい。

逆に「なんだか今日は、なめらかに話せる！」という場合も、それは自分の話がうまいというよりは、相手の合いの手がうまいからであることが多い。相手のおかげ。そういう人で周囲を固めると人生はスムーズになる。

誰の隣にいるときの自分が好き？

夫はよく私に「甘えん坊だね」と言う。私からしてみればそれは「あなたが甘えさせ上手だから」であって、私の素数はどちらかといえば甘え下手だ。
飼ってる犬と接するときに変なテンションになってしまうのは、犬が可愛いからであって、あのテンションは私が内に秘めていたものなどではない。

誰といるときの自分のことが好きだろう？
どの性格の自分が、自分にとって快適？
それは誰の隣にいるときの私？

私は常にこの自問自答をして、ここからの人生を誰と作るか、明日から誰と関わるかを決めてきた。

夫の隣にいるときの自分が快適だったから、彼と結婚をした。

私は人と接するとき、いかに相手のことをのびのびとさせるか、をテーマにしている。誰だって、萎縮したら長所を発揮できなくなる。それは本人にとって不本意なことだろうし、仕事にしろ恋愛にしろ、相手には長所を発揮してもらったほうが私も確実に助かる。

それに、そうやって相手のよいところを引き出して、その人にとって「自分の好きな自分でいられる相手」になれたら、私はその人から好かれる。一石二鳥だ。

誰だって、自宅から「のびのびとした自分」を持ってきているわけじゃない。のびのびは、性格ではなく、現象だ。

自分がのびのびできる環境選びと、相手をのびのびさせる立ち振る舞いを身につけることで、人生はうまくいく。

役に立たない口出しはしない

「会話」はただ楽しければいい

私は人と話をするとき、それがどういう目的を持った言葉のやりとりなのかをかなり意識している。

言葉のやりとりには、大きく分けて「会話」と「会議」の2種類がある。

「会話」＝人から好かれるための言葉のやりとり。「会議」＝仕事のミーティングなど、目的を実現するために意見を出し合う言葉のやりとり。

それぞれでスイッチを切り替えて話すようにしていて、それがただの会話であれば、いかに相手が気分よく話せるかを最優先したコメントをするようにしている。

具体的には、アドバイスをしない。お説教もしない。友人であれ仕事仲間であれ、相手が話してくれることは、ぜんぶ肯定する。とにかく一切否定しない。他人の人生に口を出さない、というスタンスを貫いている（そもそも出す必要がない）。

一緒にいて「楽しい」しかない相手でいたい、そう思いながら言葉を選ぶ。いいことを言ってくれる人ではなくて、ただただ楽しい相手でいたい。

それが取材であれば「私はこう思う」という話をするし、会議であれば「こうするのが最善策だと思う」と意見を言ったり、「私はこの方針を大切にしたい」「だから、そういうことをするのは嫌だ」などと譲らない姿勢をとったりもする。

けれど、普段の会話では、基本的になんにも言わない。

だって、相手がどんな価値観で生きていても、私の人生には害がない。そう考えると、どんな価値観を聞いても「へえ、そうなんだ」と言える。

なので、夫に限っては例外で、「そういう考え方をされると困る」と口を出すことがある。夫婦は家庭というプロジェクトを共有している間柄なので、会話が途中から会議になることが多々ある。

その他の人と違って、彼の価値観は私の人生に影響する。何かあれば巻き添えを食らう。だから「その価値観は危険だ」「そんな生き方をしてしまったら幸せになれなそう」「私はそれだと不幸だと感じる」と思ったときには、物申す。

ただし夫相手の場合も、特に実害が出なそうであれば、「その考え方は、どうなんだろう」と感じたとしても別に言わない。自分がスッキリしたいがために、他人の価値観に斬り込むようなことは相手が誰でも絶対にしない。

不倫など、一般的に「ちょっと……」と言われがちなことをしている人にも「やめなよ」などとは言わない。「そうなんだ」「楽しくてよかったね」と言う。

みんな自己責任で生きているわけだし、私と相手に戸籍上の繋がりが何もない以上、その人がどんなふうに生きようと私は巻き添えをくらう可能性がないので、「あなたが楽しそうでよかったよ」という感想以外、本当に浮かばない。

逆に言えば、その距離感でいたいから、お金を貸さないことや判子を捺さないことにはこだわっている。そういうことをしてしまうと口を出さなきゃいけない機会が出てきて、嫌われてしまうので嫌だ。

役に立つことなら積極的にする

口は出さないけれど、話を聞くことと、応援をすることと、手を貸すことは積極的にする（お金と判子が登場しない内容に限る）。

私から意見はしないけれど、話はすごく聞く。他人の人生の話は、自分とはまるで違う価値観で構成されているだけに、とてもおもしろい。「そういう考えだと、そういうふうになるんだ！」と思う。ただ、そこに善し悪しをつけたり、評価するようなことはしない。批評や批判はしない。

楽しくなさそうな場合には「楽しくなさそうだけど大丈夫？」と訊く。悩んでいれば相談に乗るし、求められればアドバイスもする。ただ、私からすることはない。誰かがいると助かる、というような、第三者がいたほうがスムーズになる場面があればその役目をやるし、「誰でもいいんだけど、誰か！」系のピンチがあれば、その駒にはいくらでもなる。必要であれば、背中を押したり気を紛らわす係などなんでもする。「出会いがない」と嘆く人がいれば「どんな子が好きなの？」と訊いて、心当たりがあれば「知り合いにいるよ、つなげようか？」と紹介するし、今のところいなければ「探しておくね」と言って本当に探すこともする。

そういう感じで、求められれば知恵を渡すし、役に立てるのであればお金と捺印以外の協力はするのだけど、役に立ちもしないのに口だけ出したりは絶対にしない。

正論ほどムダなアドバイスはない

多くの人は、会議でもないただの会話で否定をしすぎだと思う。「そういうのよくないよ」とか「それはどうかと思うよ」とか、「働いたほうがいいよ」とか、それが一般論であればあるほど、わざわざ言うほどのことではない。

よほど斬新なアイデアなら、反対意見であっても渡す価値があるかもしれないけれど、ただの正論なら言うほどのことじゃない。

「不倫はよくない」「再就職は大変」「学歴は大切」「暴力男はダメ」そんなことはみんな知っていて、それも踏まえた上で、選んでいるに決まっているのだから。

まだ私の人生に何の結果も出ていなかった頃、ニート時代の私に対しては、ああだこうだと言い出す人も多かった。

私はそんなとき、その場で「え、ウザッ」と言っていた。そういう人のことは嫌いだから、友達にもなりたくないし、変に好かれても困る。なので、その場で「ウザッ」と本音を伝えて、あからさまに嫌そうな顔をするようにしていた。

もちろん会議の場で反対意見を言うときは、すごく丁寧に言葉を並べるし、誠意を持って論破もするけれど、ただの会話で人の人生に意見をしてくるようなうっとうしい相手に対しては「私はあなたに近づかれたくない」ということだけが伝われば事足りるので「ウザッ」で片付けていいと思っている。

好き！や嫌い！は今すぐ伝える

好きな人とだけ関わって生きていく

「好き」と思ったときには、本人に言う。「好き！」「大好き！」とストレートに、話し言葉でも伝えるし、LINEなどでも送る。

あとは、好きじゃなきゃやらないようなことをしたときに（ピンチに駆けつけたり、何かを手伝ったり）、「まあ、好きだからやるよね！」「好きだからいいよ、手を貸すよ」って、「好きだからだよ」ってことを説明する。

人は、自分のことを好きそうな人のことは好ましく感じるし好きになりやすいものだから、自分が人から好かれるためにも、まず自分が相手のことを好きになってそれを態度に出す、というのは大事なことだ。

そういう意味でも、私は本当に好きな人とだけ関わるようにしている。好きになれそうもない相手とは関わらない。

好き、という感情は努力して生み出せるものではないから、「こういう人、嫌いだな」と感じてしまう相手のことは、どうがんばっても好きになれない。そしてこちらが好きになれない以上、相手から好かれることも難しい。

人が人生で関われる相手の数には限りがあって、確実に定員は存在している。定員オーバーになってしまうと、もうそれ以上、新しい人とは関われなくなる。だから私はいつも「厳選しなくては」と思っている。

異性交遊枠、女友達枠、男友達枠、仕事仲間枠、家族枠、そこには常に定員があって、下田美咲物語の登場人物を誰にするか、私はいつも厳選している。「よし、君に決めた！」と指名するような気持ちで、選び取っている。

今日ここからの人生を誰と作ってくことにする？　って、いつも自問自答していて、意志を持って決めている。

だからこそ私は、周囲の人にこれほど「好き！」「大好き！」と言えている。本当に好きだから。そしてそんなふうに私が大好きそうだからこそ、私の周囲の人は私のことを好きなのだろうと思う。

仲間から「私の／俺のどこが好き？」「私の／俺のどこがいいところ？」と聞かれたら、私は全員にちゃんと答えられる。その人のことを好きになった瞬間のことは覚えているし、関わることにしている理由が私の中に必ずあるから。

私がギャル男を好きな理由

ちなみに私が好きな人間のタイプは、可愛げがある人だ。男女問わず、何枠で関わる相手であれ、可愛げがある人がいい。なので私の友達はもれなく可愛い。

私が可愛いなと思うのは、自己評価に歪みがない人。自分のことをよくわかっていて、その上でコンプレックス感が強い人。
そういう人の「私ってここがダメだから、こうやって努力してるんだよね」みたいな話をする様子が、すごく可愛くて大好き。

私はギャル男が好きなのだけど、それはああいうファッションの裏側には基本的にコンプレックスがあるからで、あの手間暇のかかる髪型には「俺って髪の毛を盛らないとキモイから、せめて髪はちゃんとしないと」という意志があるし、男のメイクやカラコンには「俺、カラコンを入れないとマジで目が小さすぎるんだよね……スッピンでもイケメンの人ってほんとスゴイよね、うらやましい！　俺はスッピンじゃキモイから盛るしかない！　やれるだけのことする！」という健気な価値観がベースにある（これは想像ではない。多くのギャル男がそう語っていた）。
本当に可愛い。

「俺ってキモイから……」で停止しているような人のことは「面倒くさい奴だな」と思うけど、「俺ってここがキモイからさ、どうにかカバーしようと思って、こんなプランであがいてるんだよね」と言い出す人のことは、とても可愛いと思う。一緒にいておもしろい。

嫌いな人と関わるのは義務教育までおしまい

そういう感じなので、嫌いな人とはそもそも関わらない。

私が「大人になってよかったなぁ」と思う大きな理由の一つに、もう嫌いな人と関わらないで生きていけるから、というのがある。

人生の中で、〝嫌いな人と関わるしかない時期〟は義務教育までだ。15歳までは、嫌いな人を避けることがすごく難しい仕組みの中で生きていると思う。

学校生活は、関わる相手を自分の意志だけで取捨選択できない場面が多い。同じ班にいる人のことが嫌いだったとしても「お前抜けろよ」とは、なかなかできない。それに15歳までは、自分で生活費を稼ぐことが難しい。だから、たとえば親がすごく嫌なヤツだったり、嫌な方針を押しつけてきたとしても、ガマンするしかない。兄弟がヤバい性格の持ち主でヒドいことをされるのが日常でも、同じ家に暮らしていくしかない。

そんなふうに、子ども時代には、どうしようもないことが多々ある。

けれど、大人は違う。嫌いなものと関わらない生き方をいくらでも選べる。食べるものや住むところを自分で手配できる年齢になったら、あとは自分の意志だけで、嫌なものからは逃げられる。

私は、「やっと大人になれた」と思っている。どうにか大人まで生き抜いた、と。

大人になったら、幸せになれていないのは自分のせい

大人になってまで嫌いな人とつるんでいる人ってなんなのだろうと思う。自分の意志を貫くことができるのも、自分の気持ちを大切にした生き方を選べるのも、大人の特権なのに。大人なら、それが叶うのに。

それなのに、無力だった子どもの頃と変わらない人生を送り続けるなんて、私は絶対に嫌だし、そんな生き方ってすごくもったいないと思う。

今の私の人生に、嫌いな人は一切登場していない。私はもう大人で、自分が「こうしたい！」と思う方針で生きていくことができるから。

どんな生き方をすれば私は幸せになれるのか、どんな人たちやどんな状況を避ければ嫌な気分になることがなくなるのか。常によく考えて、今日ここからの行動を選んでいる。

大人になったら、幸せになれていないことは自分のせいだ。

世の中を見渡すと、「嫌い」という感情をないがしろにしすぎだよみんな、と思う。

「嫌い」って、何かを中止したり拒絶したりする理由として十分なものなのに。

「上司が嫌いだから会社を辞める」とか「この作業が嫌いだからこの仕事は辞める」とか、もっとそういうふうに生きて大丈夫なのに。

私は、もしも夫の親族が嫌なヤツだったら、親戚付き合いは断固拒否するつもりだった。「嫌なヤツだったら関わらないからね」と、彼にも宣言していた。

相手が悪くなくても、相性の悪さというのもあるし、それも引っくるめて嫌な気分にさせてくるものと関わるのって、自分の未来に百害あって一利なしだと思う。

「嫌いだからって辞めていたらキリがない、嫌いな人とは関わらないなんて仕事ではそうもいかない」と言い訳する大人は多いけれど、仕事こそ、ストレスを感じながらやってしまうとその苦労がムダになる日がくるから気をつけるべきだ。

嫌いな人と関わるとき、人はストレスを感じる。ストレスに耐えた先には病気になる。体調って、本当に簡単に壊れてしまう。そして病気になると医療費がかかる。そうなると、嫌な思いをして稼いだお金は一瞬で食いつぶされる。

人にとって働くことはお金を得るためにすることだ。だとすると、結局手元にお金が残らないのでは、嫌な思いをして働いた意味とは？　と思う。医療費って本当に高い。

お金的にはプラマイゼロからマイナスだし、そのうえ痛い思いや苦しい思いまでするハメになる。仕事こそ、嫌いな人と関わってまでやるべきことではない。

嫌いな人からは逃げる。私はそう決めている。

人間関係の壁は速やかに壊すようにする

錯覚させれば仲よくなれる

人との関係というのは、鶏が先か卵が先かというような感じで、「こういう仲だからこういうことをする」というのもあるけれど、「とりあえずこういうことをしてしまえば、こういう仲になれる」というのも基本にある。

私は「この人と仲よくなりたい」と思ったとき、本来ならすでに仲のいい子に話すようなことを、まだ仲がいいわけでもないのにいきなり話し出すようにしている。そうすると相手は「私たちってそんなことまで話せる仲なんだ。そこまで突っ込んでいい仲なんだ」と錯覚する。その結果、一気に距離が縮まる。

たとえば仕事先の人などに、いきなり恋バナをしてみる。そうすると「あ、恋バナしていい仲なんだな」というふうになる。仕事に関係ない話をしていい仲なんだな、と思ってもらうことができる。

それから、悩みを言い出すのもすごく効果的で、「最近、私これに悩んでいて……」と打ち明けると一気に距離が縮まる。

悩み事というのは弱みの暴露だったりするから、相手は「どうやらこの人は自分を信用しているらしい」と感じたりもするし、うまくいっていないことの話だから可愛げがある。人が自分のダメなところを語る様子というのはおもしろいし可愛い。

基本的に、どんなコミュニケーションもどちらかがやり出せば、相手は「ああそうなんだ（それでいいんだ、そういうことしていいんだ）」と思うようになるし、そこへの柔軟性と適応能力は、ほとんどの人がかなり高い。

人と打ちとけるのは、付き合いはじめが肝心だと思う。

最初に壁を崩す（というか壁を作らないようにする）のが大事。たとえば、一般的に関係づくりが難しいとされる夫の両親とも、私はかなり打ちとけているけれど、それは私が最初に踏み込んだからだ。

現在、彼のお父さんは海外に単身赴任しているのだけど、帰国時や出国時に「今から行く」「今帰ってきた」という連絡を、彼にはしないで私にはする。それほど私と義父の距離は近い。年始に会った際には、義父に向かって「私、おざなりな性行為だけは無理！」などと身も蓋もない性トークをした。そういうことの積み重ねで、私たちの距離はこれほど縮まったのだと思う。

打ちとけるコツは現役扱い

独身時代を振り返ると、友達の親などにも、かなり可愛がられてきたと思う。食事にはしょっちゅう連れて行ってもらっていたし、家族行事にもよく呼ばれたし、携帯の電話番号やメールアドレスを知っていたり、昼間にカフェで待ち合わせをしてお茶をしたことがある友達の親が複数人いる。

「誰かの親」のような年齢が大きく離れている相手と打ちとけるコツは、その人のことを現役扱いすることだ。「〇〇の親」として接するのではなく、たとえばその人の名前が太郎だとしたら「太郎くん」や「太郎先輩」くらいの距離で接すること。友達扱いすると友達になれるし、先輩扱いすれば後輩になれる。

「気を遣う」よりもやるべきことがある

そしてまた、人は基本的に、自分に懐く生き物のことを可愛いと感じるようにできている。だから、気を遣ったり遠慮したりするよりも、「あれ食べたい！」や「それ欲しい！」や「私も連れてって！」などと甘えたほうが、可愛がられるし好かれる。

これは、打ちとけたい相手に対してはパフォーマンスとしてやったほうがいいことで、気を遣っていない素ぶりや遠慮してないパフォーマンスは、距離を縮めることにすごく有効だ。あくまでそういう素ぶりとパフォーマンスなので、実際はめちゃくちゃ気を張るし頭を使うことだけれど。

そして、どれだけ可愛げがあるかも、かなり重要。「ただのずうずうしい奴」と思われるか、「自分に懐いている可愛い子」と思われるかは、可愛げにかかっているし、大前提として相手から「一緒にいて楽しい子」と思われて好かれていることが大事なので、そう立ち振る舞うことは必須。

人と打ちとけるのって、サービス精神の作業だと思う。

人付き合いに尊敬は必要ない

親も友達も、誰も尊敬していない

私が尊敬している人は、野原しんのすけくん（クレヨンしんちゃん）とゴールデンボンバーさんだけで、あとは誰もいない。親も、兄弟も、友達も、付き合ってきた人も、そして夫も、身近な人のことは誰ひとりとして尊敬したことがない。

人付き合いをするにあたって尊敬という感情が必要だと思ったことがない。

世の中の声に耳を傾けると、「みんな、他人を尊敬するべきって思いすぎじゃない？」と感じる。

親のことを尊敬していると語る人は多いし、これまで私が「親を尊敬していない」と言ったときには、ほとんど必ず「失礼だろ」みたいな反応をされた。

また恋人の条件に「尊敬できる人がいい、そうじゃないと付き合えない」と語る人も多いけれど、そんな場で「私は恋をするのに尊敬とかどうでもいい。彼氏のことを尊敬してたことなんてない」と言うと、いつだって相手は引いていた。

私はそういう人たちを見るたび、こんなにも尊敬を当然な感情だと考えているとすると「じゃあ逆に、あなたは自分が尊敬されなかったら怒るの？」と思っていた。だとしたら、かなりおこがましいな、と。

そもそも、尊敬していないことと、バカにすることとは違う。だけど多くの人は、尊敬していないことをバカにしていることと混同していて、「尊敬できない相手」＝「軽蔑するくらいのカス野郎」くらいにとらえている。極端すぎる。

私にとっての尊敬は「すごい……すごすぎる……カッコよすぎる、素敵すぎる……どうしてそんなこと思いつくの……」という気持ちのことで、とんでもないことを成し遂げている相手に対してのみ抱く。そしてその感情は「ああ、絶対に敵わない……一生追いつけない」という敗北感とセットになっている。

身内に、そんなにもすごいことを成し遂げている人はいない。みんな、まともに生きているだけで、とくに何も成し遂げていない（もしくは、まともに生きてすらいない）。

それから大前提として、尊敬には、ある程度の距離が必要なんだとも思う。近づきすぎると成立しない。

私は、ファンの方などから「美咲さんのこと、尊敬してます！」と言われると、「それはね、一緒に暮らしてないからだよ!!」と思う。近くで見たらキモイところも情けないところも足りないところもズルいところも、いっぱいあるよ、って。

尊敬するから幻滅することになる

だから、たとえば親子の距離で接していて「尊敬してる」って、かなり変な話だとも思う。
それほどの至近距離で見たときに尊敬に値する人柄なんてありえないし、そこまで近づいたら人間味だらけで当然で、「人間だもの」感がかなりないと嘘くさい。

親を尊敬しているという人を見ると、「それは親のことを知らなすぎなのでは」と思う。そういう人は親をよく見てないし、そういう人の親は本当の自分を子に隠しまくっている。だから、不倫など何かあったときに「最低！」「信じられない！」「裏切られた！」「そんな人だったなんて！」などと大騒ぎになるのだろう。

私は親のことをちゃんとよく見ているし知っているから、父の「彼女」を名乗る女が自宅に乗り込んできたときも「え〜、なにこのクレイジーな女、勘弁してよ」としか思わなかった。

私は両親のことを愛しているけれど、尊敬はしていない。だから彼らに何があろうと、別に「そういうもんだ」と思っている。尊敬をしてないから幻滅をすることもない。ちゃんとそういう人だと知っている。人間だもんね、たかだか。でも大好きだよ。そう思っている。

「公の場では言えないけどさー」的な、身も蓋もない本音やとんでもないオフレコトークは、誰もが必ず持っているものだ。持っているべきだとも思う。だってそうじゃなきゃ不健全だ。それに、それこそが人間のおもしろくて可愛いところで醍醐味だから。

無理に尊敬しようと思うことのほうが不自然だ。私たちは、そんなにできた生き物ではないし、そんなにできた人を目指す必要もない。オフレコトークがない人なんて、つまらない。

尊敬してないことを相手に失礼だなんて思ったことはないし、これからも基本的にしない。

一生付き合える友達なんていらない

今は友達がいらない時期

この原稿を書いていて気がついた。

私、結婚して妊娠してからは、友達付き合い、ほぼしていない！

独身時代は、人一倍というか人の数倍、友達付き合いをしていたと思う。理由もなく集まることもあれば、何かと口実を作っては集まる頻度も高かった。誰かが恋に落ちたら話を聞くために集合し、実ったら祝うために、振られたらなぐさめるために集合、春がくれば「お花見！」、花が散れば「BBQ！」、雨が降ればば「タコパ！」、夏がくれば「海行こう！」、秋がくれば「芋掘ろう！」、寒くなったら「鍋しよう！」、それはもう何かにつけて、かなり集まっていた。新年会忘年会は欠かさなかった。

そういう毎日が楽しかったし、ちゃんと気に入っていた。当時は。

今は、その全てを夫が担当している感じがある。

どんなに仲の良い友達でも、会っている間に一秒も気を遣わないという相手はいない。「何を話そう」とか「この後どうしよう」とか「いつ帰ろう」とか、声に出していることと頭で考えていることにギャップのある瞬間が少しはある。

でも、彼にはそれがない。一秒も頭を使わずに一緒に過ごせる。そうなると快適すぎて、どこへ行くのも何をするのも彼とがいい。

彼にまつわる悩みや愚痴にしたって、友達よりも彼に話したい。

彼に話すべきだとも思う。だって、彼以外の人に言ったところで、彼との生活が改善される可能性がない。そう考えると、今の状況では「モヤモヤする！　話したい！」と思うとき、その相手は彼になる。

結婚・妊娠生活にまつわる不満や不安を友達に話してつらさをわかってもらったところで何も解決しないけれど、彼に話して彼が私のつらさを把握すると、つらさの種が彼の行動である場合には解決する努力をしてくれるし、お詫びに何かしてくれたり、がんばったご褒美をくれたりする。

生活が変われば友達も変わるに決まってる

友達の出番が少なくなってきたなぁ、と思う。
独身時代の友達は今でも友達だし、連絡をすればいつでも会える相手として存在していて、友達がいなくなったわけではないのだけど、私の人生は今いったん、友達に用がない時期に入っている。友達を頼りたいことや、友達とやりたいことが特にない。

世間では「一生付き合える友達」というのを重要視する傾向があるように思うけ

れど（友達付き合いが途切れることを恐れる人や、一生もの以外は「しょせんその程度だった」とか、終わりのある友情は「偽物だ」というような価値観の人をよく見かける）、私は、友達付き合いにおいて〝一生付き合えるかどうか〟なんてどうでもいいことだと思っている。疎遠になる日が来ることは寂しいことでも悲しいことでもない。

だって、人はずっと同じ感じのままで生きていくわけじゃない。少なくとも私は、ずっと似たような日々が続くのは飽きるので嫌だ。独身に飽きたから結婚をしたように、自分の人生はどんどん変化させていきたい。

プロフィールの共通点が減ったり、暮らしのジャンルが違ってくれば、それらがピッタリしていた頃と比べて会話が合わなくなってくるし、同じフットワークで行動できなくなったら遊び相手としてはふさわしくなくなっている。そんな状況で、それまでと同じ付き合い方を維持するのは無理がある。

どんなふうに生きるかが変われば、人付き合いのスタンスも変わってくるのは当然だ。結婚をしていなくて子どももいなかった私と、結婚をして妊娠をした私では、やれること・やれないこと・やりたいことに変化が出るに決まっている。そして友達は、そのあたりが一致していたほうがいい。

自分の都合に巻き込まない

私は妊娠後、独身時代に仲のよかったグループの子たちに誘われても行かなくなったけれど、それは嫌いになったからでも会いたくないからでもない。「せっかくの集まりなのに、妊婦の私が行くと全員がタバコを吸えないんだよなぁ」と思うからで、私が参加しないほうが、皆がより楽しめる条件が整うから。大好きで大切な友達だからこそ「今は私抜きで遊んでおいでよ」と思う。だから「つわりがヒドい」ってことにしたり「用事がある」ことにしたりする。

今後、出産をしてまたタバコが平気な体になったり、子育てが一段落して時間に融通が利くようになったり、たとえば離婚だったり彼が単身赴任だったりをして一人の時間を持て余したりしたら、また私のフットワークは今とは違うものになるだろうし、また独身時代のごとく遊ぶようになる日がくる可能性はいくらでもある。

今はほとんど会っていない友達はたくさんいるけれど、今会っていないからといって友達じゃなくなったわけではないから、お互いのスペックが合うタイミングがくれば、いつでもまた、しょっちゅう会える仲になれると思う。恋も友情も、育てられるかどうかは、お互いのタイミングだよなぁと思う。それぞれがどんな時期を生きているときなのか。今の私は家庭を育てる時期だ。

妊娠期間の不都合は夫だけにぶつける

妊婦期間は本当にNG項目が多いから、その意味でも、今は彼と過ごすのが一番しっくりくる。

タバコやお酒はもちろん、たとえば生肉も食べられない。だから私が一緒に飲食店に行ってしまうと、そのお店のローストビーフがすごく美味しそうで頼みたくなったとしても「あ、でも、美咲ちゃん食べられないもんね、他のにしておこうか！」という空気が流れてしまったりする（こちらとしては全然、私のことは気にせず頼んでほしいのだけれど、「一人が食べられないものを頼むのはちょっと……ね」というふうに気を遣う人が多い）。

そのように何かと不便な体をしている今、その不便に堂々と巻き込める相手といえば、私をそんな体にした当事者である彼だけなので、どこに行くにも彼と二人が気を遣わなくてすごく楽しい。彼のことを巻き込む分には「だって、誰が種付けしたからこうなったの？　ね？　自分のせいだよね？」と言える。爽やかだ。

だから、この先子どもが生まれて、出歩けるくらいに子どもが成長してきたら、また新しく友達を作るようにも思う。家族ぐるみの付き合いみたいなことをしたくなって、ファミリー層の友達がほしくなりそうな気がする。

そうなると私は、同じような世代の子どもを持つ友達を作り始めたり、独身時代の友達に「家族ぐるみの付き合いがしたいから早く所帯持ってよー」とリクエストしたりするのだと思う。

恋をしないなんて
女体の持ち腐れ

恋2愛

恋愛には快楽しか必要ない

恋とは遊園地のようなもの

その恋愛をしていて、「楽しい」「嬉しい」「幸せ」「気持ちいい」と感じる瞬間があるかどうか。

その恋には快楽があるのか。

恋愛をするときはそれだけを見ている。

「自分が成長できる恋愛じゃないと！」とか「ためになる恋がしたいの」とか「彼といると自分が高まる。恋人にするならそういう人じゃないと」とか、そういう考えはない。

その恋をすることで自分が伸びるかとか、人として成長するかとか、そんなことを恋愛に求める気は一切ない（というか、そもそも「自分を伸ばしたい」とか「今よりもっと成長させたい」という意欲自体がない。人生とは死ぬまでの暇つぶしだから、そんなにストイックに取り組む必要があるものだと思っていない）。

私が恋愛をする動機は、したほうが楽しいし、快楽を得られるから。遊園地に行くときのモチベーションと同じだ。

会いたいから会うし、楽しいから続ける。今日を幸せに過ごすためのコンテンツ。だから「なんか、もう会いたくないや」と感じたら、それ以降は会わないし、惰性では1秒も付き合いたくない。

快楽というのは〝イイ思い〟のこと。恋愛をすると、いっぱいイイ思いができるから恋愛って最高だと思うし、恋愛をしないで生きている人は超もったいない生き方をしているとも思う。「え、お鮨や焼肉を食べたことないの?!　かわいそう！とりあえず食べてみるべきだよ！」みたいな感じ。

好きな人に会えると嬉しいし、「この人のこと触りたい！　この人から触られたい！」と思っているときにするキスやセックスはとても気持ちがいい。恋をすると、この人とあんなことがしたい、こんなことがしたい、こんなことを言われたい、こんなふうに思われたい、など、たくさんの願望が生まれて、それが叶うたびに快楽が得られるから、恋をしていない場合よりも人生が断然楽しいものになる。

「この人と恋をしたい」と感じた相手と、だんだんと距離が縮まっていく過程は快楽だらけだし、両想いになる瞬間なんて、まさに快楽。気を失いそうになるほど強烈な快楽だと、何度恋をしても思う。

私にとって恋愛は、あくまで娯楽。だから「恋人は尊敬できる相手じゃないと！」みたいな意識の高い妙なハードルを作ったりしない。バカみたいな男の人で全然いい。

だから他人の恋愛に関しても、たとえば「恋人がDV男」と聞いても「本人が満足してるのだったら全く問題ない」と思う。そういう恋人を持つ人から「やっぱり

ＤＶする男なんてダメだよね……」と相談をされたとして「いや、あなたがその人との恋愛に快楽を感じているならいいと思うよ。一緒にいて楽しかったり、嬉しい瞬間があるなら、それはする価値のある恋だよ。私はＤＶされたら引くし、無理だけど」と答える。

恋愛は、本人の満足度が全てだと思う。傍から見てどうであれ、本人にとってそれが快楽で、満たされているのなら、それはしたほうがいい恋だし、体にもよい。

女体の持ち腐れはしない

私が常に恋愛をしていたい理由には「絶対に女体の持ち腐れをしたくないから！」というのもある。

それはたとえると「仮に栄養的には点滴や注射だけでもまかなえて一生食べなくても生きていけるとしても、私は、そんなの嫌！　毎日、美味しいものを食べたい！　だって、それじゃあ味覚と歯と口と舌の持ち腐れだから！」と思うのと同じ感じで、今の私はせっかく「男の人の恋愛対象になれる女体」を持っている。そしてそれは一生モノじゃない。具体的なことを言えば膣はいずれは使いものにならなくなる。せっかく使えるものを持っている今、持ち腐れたりしたくない。

どんな恋も全て「今しかできない恋」

それに、全ての恋愛は期間限定モノだ、とも思う。今しかできない恋愛だらけ。「期間限定モノ」というのは、自分のことを恋愛対象として見てくれる男性の層がどんどん変わっていくから、という意味と、自分が恋愛対象として見られる相手がどんどん変わっていくから、という二つの意味がある。過去を振り返ってみると、どの恋愛も「あのときああいう価値観だったから落ちた恋」で、いつだって今しているる恋は「今しかできない恋」だ。

たとえば、自分が10代のときにしか10代の相手との恋愛ってできない。厳密に言うとできないこともないのだけど、25になって18歳の子にそそられるかというと、なんだかもう難しかったりする。
大人になってからスクールラブに憧れたところで、まず学校にも立ち入れないし、立ち入れたところで、今さらその年頃の男の子に性的な魅力を感じるのが厳しかったりする。私は今、中高生を見ても「この年頃って、やっぱりどうしても垢抜けないんだよなぁ」と萎えてしまうし、汗くささも気になる。恋愛対象というのは、自分の年齢の影響をかなり受ける。どんどん変わってしまう。

私は高校生の頃、焼肉だとカルビやミスジやサーロインが大好きで、サシは多ければ多いほど幸せを感じた。お肉の脂身の甘さを「快楽だ」と思っていて、無限に食べられた。

けれど、ここ最近は赤身のお肉のほうが美味しく感じて、その手の脂っこいお肉を食べても幸せになれなくなってきた。すぐに胸焼けしてしまうから一度に食べるのは5切れが限度。

生き続けていると、こういう変化がたくさんある。好きだったものが好きじゃなくなる。20歳前に好きだった食べ物で今も変わらずに好きなのは、生クリームとチョコレートくらいしかない。

「美味しい」と感じるうちにそれをちゃんと楽しんでおきたい、と思う。何でも。味覚はわかりやすいけれど、恋愛でも仕事でも何でもそうで、全てのことに「今しか得られない快楽」がある。

20代の男の人との恋愛は、今の私にとってそれだ。50代になったら50代なりの恋愛があるのだろうとは思う。けれど、それは今とはまた違うものなのだろうから、20代バージョンをちゃんとエンジョイしておきたい。

だから私は常に恋愛をしていたいし、しない時期を作るのは超もったいないと思っている。20代の自分をちゃんと使い切りたい。

「相性」とは、腕枕をして眠りたいタイプかどうか

恋愛に求める質と量が似ている人を選ぶ

「どのくらいこうしたい」の量が似ている人が、相性のいい相手だと思う。

連絡をこのくらいとりたいとか、このくらいくっつきたいとか、一緒にいるときにこのくらいの距離にいたいとか、このくらいの頻度で性行為がしたいとか。そういう、恋愛に求めていることの質や量が一致する人とは相性がいい。

1日にどのくらい連絡をとるのかとか、会ったときにどのくらいキスをするのかなどについて、「そういうのって、好きの量に比例してるんじゃないの？」と考え

ている人は多いけれど、私が思うに恋心の大きさや気持ちの強さはほとんど関係していない。

恋人に対して「連絡をたくさんとりたい！」と言う人は、ただ単にそういうタイプの人であって、歴代全ての恋人に同じことを求めている。

だから、恋人に要求することが似ているもの同士は、カップルとしての相性がいい。連絡をたくさんとりたい人同士が付き合えば、普通の感覚だったらしんどくなる量の連絡をとくに負担とも感じずにし合えるし、「恋人とは毎日電話がしたい！」という人同士が付き合えば、毎日の電話を義務付けられても「元々そうするつもりだったよ」という話だから、とくに負担にならない。

私は電話が苦手で、結婚するほど好きな相手とでさえも電話は一切したくないタイプなので、独身時代、恋人から「電話したい」と言われるたびにすごく負担に感じていた。

電話問題ではずいぶんと、過去の恋人たちに（そして同居前の夫にも）寂しい思いをさせてしまったと思う。私は人生で一度も恋人に自分から電話をかけたことがないし、電話がかかってきても基本出ずに折り返しもしなかったので、そんな私に対して「俺のこと、あんまり好きじゃないのかな……」と感じた人もいたと思う。

でも、これぱっかりは、電話が苦手なのだからしょうがない。相手があなただから電話をしたくないわけではなく、電話がしたくないのだということを理解してもらいたい。

男女は恋人関係になると、自分の趣味に沿った要求をかなりするようになる。だから似たようなタイプの二人はうまくいくし、タイプの違う二人だと、どんどんチグハグしていく。「こうしたい、こうされたい」の感覚に差があるとその分だけ、一方は満たされない想いを抱えることになるし、もう一方は苦手なことを求められてしんどい思いをする。

好き同士でも相性が悪いとうまくいかない

それから、自分の苦手なことや短所が「この人と一緒にいると支障にならない」という相手は、自分にとって相性がいい相手だと思う。

たとえば、自分からセックスに誘うのが苦手だとしたら、付き合ってもないのに平気で手を握ってきてキスしてくるような人を恋人にするとスムーズに関係を深められる。奥手と奥手が付き合うと、お互いになかなか手を出せないから気づまりな感じになりやすい。

「甘えるのが苦手」という甘え下手な人は、甘えさせ上手な人と付き合うと自然と甘えられるから快適に付き合える。

お金を稼ぐのが苦手ならば「お金なんてどうでもいいの。愛が大事」と本気で言っているような人を恋人にすれば貧乏が支障にならない。

かつての恋人で、お互いにすごく好きだったのだけど、相性が極端に悪かった人がいた。別れてからもお互いの誕生日を一緒に過ごし、年末年始もクリスマスも会ったりしていて、なんだかんだ3年くらいお互いの人生の主要人物として関係していたほど好き合っていたのだけど、恋人としては3ヶ月も持たなかった。

彼と私は、とにかくカップルとしての相性が悪かった。「どのくらいこうしたい」の量も違っていたし、致命的だったのは苦手なことがカブっていた。お互いに自分から手を出すのが苦手で、どちらもうまく性行為の流れを作れないタイプだった。

それで、付き合った途端にギクシャクするようになった。付き合っていると思うと「これは性行為をする流れか……？」と探り合いをするようになってしまい、そのたびに変に緊張して、妙な空気になった。「大好きだけど、付き合ってから一緒にいることが気づまりになってしまったよね」という話をして、友達に戻ることを選んだ。

恋人でいるためには、その人を好きということと同じくらい、相手とのカップルとしての相性のよさが重要なのだと思い知った経験だった。

奥手な私には、平気で触ってくる人がいい

彼と別れて以来、私は恋人にする男の人には手の早さを求めるようになった。手を出すときに緊張していない様子の男の人を見つけると高得点をつけた。平気で触ってきてくれる人が私の恋人として適材だ。

夫はそういう意味で、手の早さがすばらしかった。最初に興味を持ったのはそこだった。手の出し方が好みだ、と思った。

夫とは「どのくらいこうしたい」の感覚も、とても合う。私は恋人とは四六時中イチャイチャしていたいタイプで、いつでもどこでも私の座椅子や背もたれになってほしいし、部屋の中ではずっと抱っこしていてほしいのだけど、彼もそのくらいのイチャイチャモンスターで、出会ってすぐの頃に「美咲ちゃんって、どうしてたくさん触っても怒らないの？　普通の女の子はこれだけ触るとうっとうしがるんだ

けどね。で、うっとうしがられたことに俺が怒って、それでモメて別れる」と語っていた。婚約直後に「私のどこが好きなの？」と訊いたときは「どれだけ触っても怒らないところ」と言っていた。イチャイチャしたい量が合っていることが、私たちを結婚まで導いたと思う。

腕枕ひとつとっても、どうしたいか・どうされたいか、人によって好みがある。「腕がしびれるから、ずっとは無理」という男性は多いし、「寝にくいから腕枕はされたくない」という女性も案外と多いけれど、私は「私たちはもはや1個の生き物なんじゃないか」と思えてくるほどピッタリとくっついて眠りたいタイプだ。

そのあたりが一致しているとカップルはうまくいくのだと、結婚生活が楽しくて仕方がない今つくづく感じている。

モテるは才能

相手を使って自分が楽しめる人がモテる

好きな人のことを狙って落とすのであれば、正しいやり方で両思いを目指せばある程度いけるけれど（※正しいやり方については下田美咲の著書を参照）、不特定多数からモテる、というのは才能が必要なことのような気がしている。

たとえば空気を読むことや笑いをとることって、それを苦手な人が努力でその感覚を身につけるというのが難しい技術だと思うのだけど、モテるのもそういう感じ。

モテる人って、そこに必要な勘がはじめから冴えていて、生まれつきモテることが得意だ（ちなみに下田家の人間は私を含めて全員にその才能がある。それだけに「生まれつきだ……」と感じる）。

どういうことができる人がモテるかというと、相手を材料にして楽しい空気を作ったり、相手を「おもしろい人」に仕立てあげるのがうまい人は、モテる。

角刈りヘアーの人がいたとしたら、「なんで角刈りなの?」「どうして、数ある髪型の中から角刈りを選んだの?」と、興味津々に質問をしてみたりする。そして相手の回答に「斬新(笑)」と笑ったり、「坊主じゃダメなの? 角をつける必要はあったの?」と突っ込んだりすることで、話をどんどん膨らませる。感度のいいあいづちと質問力で、本人のトーク力よりもだいぶ多めにコメントを引き出す。その人がいまだかつて誰にも話したことがないような奥のほうにある価値観が出てくるくらいまで。そうやって相手のおもしろさを引き出して、「そのこだわりおもしろい(笑)」「何その理由、可愛い(笑)」などとほめたりする。

そうすると、その角刈りさんは「この子は、俺と一緒にいて楽しそうだ」と思い、自分が相手を楽しませていると錯覚をする。

相手に笑ってもらえた分だけ、おもしろいことを言えた気になって「俺はこの子のことを楽しませることができる男だ」とよい気分になる。

そして「この子と俺は相性がいい」と、相手に特別な感情を持つ。

人は、自分と一緒にいて楽しそうな相手に好感を持つ。

モテる人のうまいところは、相手が楽しく話せそうな話題を振りながら、同時に、自分が楽しんで聞ける内容になるようにも仕向けているところだ。相手を主役にしながらも、自分自身がちゃんと興味が持てる話題を振っている。

つまり、相手を楽しませながら、ちゃんと自分も楽しんで会話をしていて、リアクションは演技でもお世辞でもなくて本物。だからこそモテる。

そして、モテる人からすると、この手の会話は誰とでもできる。角刈りじゃなくても、どんな平凡な人が相手でも、掘り下げると独特な一面や見方によってはおもしろい部分は誰にでも必ずある。

モテる人は、他人からおもしろさを引き出すのがうまい。人を主役にして楽しい空気を作るのがうまい。その結果、一緒に過ごす人は「なんか今日の俺、調子いいな」「もしかしたら俺って結構おもしろい人なのかも」「俺って、こんな楽しい人だったんだ」という気持ちになれて、自己評価が上がったり、自信を持てたりする。人は、そういう「調子がいい自分」を引き出してくれる相手といると幸せでいられるから、ずっとその人といたくなるし、もっと会いたくなる。つまり好きになる。

美人だけどモテない人には「受け入れますよ」感がない

モテるためには、「受け入れますよ」感も大事だ。私はあなたのことを受け入れますよ、という雰囲気がある人はモテる。恋愛上手な人には、「受け入れます」というサインを出すのがうまい人も多い。

「受け入れますよ」感というのは、「デートに誘ったら受けてくれそう」「性欲を見せても引かなそう」「手を出しても大丈夫そう」など、「この人は自分のことを拒絶しなそう」という印象のこと。

「自分が声をかけたとして、この人はどんな反応をするだろうか？」と想像したときに、反応がまるで予測できない相手のことは誘いづらい。

恋愛してるよね、という前提で話す

「受け入れてくれそう」な印象を与えるテクニックの一つに、相手を〝恋の現役扱いする〟という会話術がある。

たとえば「最近どんなデートしたの？」と訊く。その質問は「私はあなたの生活にデートをする機会があるものだと思っていますよ」というメッセージになる。「この人の人生にはデートとか存在しないでしょ、デートとかしててもキモいし」という目では見ていないからこそ、その質問が出てくるはずなので、訊かれた相手は悪い気がしない。

もし相手がおじさんだったとしたら、その人は「え、俺ってこの子から見て、まだ現役って思われてるんだ！」となるし、キモオタ系の青年だったとしたら「え、この子の目には、俺の人生に恋愛活動があるように映ってるのか……？」というふうになり、テンションが上がり、何よりそういう目で見てもらえていると思うと、すごく誘いやすくなる。

「自分なんかが誘ったりしたら気持ち悪いと思われるんじゃないか」と、自分の中に恋愛意欲があることや、恋愛感情を持っていること自体に引け目を感じているタイプの人は世の中にかなりいて、そういう不安があると、人は誘う勇気が出ない。だから「受け入れますよ」感がある人のことを好きな人が多くて、この現役扱いのような、そういう弾をたくさん撃てる人ほどモテる。

逆に「受け入れますよ」感がない場合、憧れを持たれることはあっても、実際のアプローチを受けることは、ほとんどないように思う。

モテる人というのは基本、相手のことをコントロールしている。「この会話をすると、あなたって喜ぶよね」と思いながらのサービストークがうまくて、上から目線な物言いはしないけれど実際は何枚も上手《うわて》であり、　モテてる人は必ず頭がいい。

バカな人でモテている人は見たことがない。

付き合いています宣言はいらない

結婚するまでは一途になる必要がない

独身時代の私は、気に入った男の人がいると「この人と、どうにかして付き合わないままで一緒にいたい、色んなこと（主に性行為）がしたい」と考えていて「告白されませんように……！　そういうこと言い出しませんように……！」と願っているような感じだった。

「付き合います」宣言はいらないし、付き合う付き合わないということは話題にのぼらないほうが助かる。

付き合ってしまうと、浮気という概念が発生する。他の男の人と会ったときに、それが「彼を裏切った」ことになってしまったりする。彼女にならない限り、その人に対して直接ヒドいことをしなければ傷つけることがないけれど、誰かの彼女になると、その人以外としたことがその人を傷つけることになったりするから、付き合う、というのは、余分に傷つける可能性を背負うことだったりして、それが嫌で、独身時代の私は「付き合う」という形をとることは極力避けたいと思っていた。

だったら浮気をしなければいいのでは……と言われそうだけれど、まず、私のベースには「交際期間なんて、いくらでも浮気していい時期だ」という考えがある。

「君に決めた！　一生一緒にいたい！　添い遂げたい！」と思えてない（思われてない）から、まだ結婚していないわけで、「付き合おう」というのは、大前提としてまだまだ他の人にいく可能性を残している状態だ。

その程度の関係だから、他の人に手を出すのは自由だと思うし、相手に対しても口を出せるほどの立場じゃないなと思う。

恋人に不満があったときに文句を言う人は多いけれど、あれは完全に出過ぎたマネだし、変な話。たかだか彼氏彼女の分際で、相手の生き様や人間性に口を出すのはずうずうしいことだ。

夫婦と違って、恋人関係は、いつでも片方の一存で解消できる。相手に同意をしてもらう必要もなく「別れたい」のひと言で終わらせていいのが交際だから、「あなたのこういうところが嫌。直してほしい」などと思うのならば、そういう人を探すべきだ。まだいくらだって、他の人と交換できる期間なのだから。

でも、結婚は違う。契約だから、同意してもらえないと関係を解消できない。離婚は、恋人と別れるのとは比べものにならない大変な作業だ。だからこそ、人はそう簡単に結婚はしないし、結婚した以上は「別れないために」という話し合いをする関係になれる。「それやめて」「こう生きて」などと口を出せるのは、結婚相手に選ばれた場合にのみ手に入る特権だ。

付き合うことに価値なんてない

そう考えていくと、そもそも「付き合うってなんだよ」と思う。結婚と違って定義がよくわからないし、中途半端な関係性すぎて、なんのために付き合うことにするのだろう、と思う。

縛るため？　他の人にとられないようにするため？　特別な存在になるため？　でも、だとしたら、付き合うぐらいでは求めているものは手に入らない。

とことんその人がほしいのなら、それは結婚しなくちゃ無理だ。仕事以外では異性と関わってほしくなくて、危険な飲み会には行ってほしくなくて、休みの日は全部自分と一緒に過ごしてほしいのであれば、結婚したほうがいい。

付き合ったぐらいでは「用がなくても連絡できる関係」と「いくらでも『好き』

って伝えて平気な状態」くらいしか手に入らない。あと、記念日。

入籍する、ということは、何かあったときに巻き込まれる間柄になるということであって、だからこそ口を出せる立場になれる。生き様や人間性など、その全てにリクエストやクレームを出していい間柄になれる。

入籍がすごく厄介で大変なことだからこそ、結婚はその人のほとんどが手中のものとなる。

夫も「付き合うって何?」と考えているタイプだったので、私たちには交際期間がなく、いきなりプロポーズだった。

「付き合ってる」なんて、しょぼいと思う。つながりとして、すっごく弱い。だから、付き合っていないことを気にする人って多いけれど、全く気にする必要がないと思う。どっちにしろしょぼいから。

「この人がほしい」と思うのなら、少なくとも結婚しないとダメだ。

駆け引きをすると嫌われる

片思いしてる分際で駆け引きは生意気

両想いになるための駆け引きは絶対にしない、と決めている。惚れてしまうほど素敵な男の人に、私が考える駆け引きなんてちっぽけな小細工は通用しない、とも思う。

そもそも、駆け引きって相手に失礼だ。駆け引きをする、ということは「自分の計算が通用する程度の相手だ」と思っているということになるけれど、それって相手を見下してバカにしている。

そんな失礼な態度を見抜けないとしたら、その相手は本当にバカだけれど、惚れてしまうほどの相手って基本的にバカじゃないから、大抵バレる。だから、駆け引きなんてしたら嫌われてしまう、と思う。

駆け引きをしていることに気づかれたら「片思いしてる分際で生意気。可愛げがない」と思われてしまいそうな気がするし、私が逆の立場ならば、そんな小細工が通用すると思ってるのか～と感じて萎える。


それに、もし駆け引きをして失敗したらと考えるとすごく怖い。駆け引きなんてしたばっかりに両想いになり損ねたら、私は悔やみきれない。


作戦でやったことが裏目に出て、恋が打ち切りになってしまうことは珍しいことではない（そうなっている人をよく見かける）。

気を引こうとして言ってみた心にもない発言がキッカケで嫌われたりとか、「ここはちょっと引いてみよう」と打った作戦で、ただの疎遠になってしまったり。その手の失敗はよくあることで、そんなことになったら私はすごく困る。

素でやったことや、心の声に従った結果なら、「そういう相性だったんだな……」

とあきらめもつくけれど、計算して「こうすれば、うまくいくんじゃないか」と考えてやったような作戦のせいで、万が一にも両想いが遠ざかってしまったらと考えると、恐ろしすぎる。嫌われるならせめて、自分の本当の価値観や性格上の言動で、嫌われたい。

一度相手に渡した言葉は絶対に回収できないから、「この作戦はハズレだった！」と気づいたときには取り返しがつかない。駆け引きって、すごくリスキーだと思う。とてもじゃないけどやる気になれない。

好きな人には押しまくるのみ

だから私は基本的に、好きな人のことは押して押して寄り切る方針。計算して引く、なんてことは絶対にしない。

それに、押して押して押し続けていると、ごく自然に疲れるときが必ずくる。押しても押してもうまくいかないと、必ずどこかで心が折れるから、そのタイミングで押す活動を「ひと休みしよう」という気になる。そしてそれが自然に「引き」になる。

たとえば1週間ずっと連絡を取り続ける努力をして、さらに小まめに勇気のいる内容を送ってみたものの、少しも関係性が進まなかったら、ちょっと疲れたりする。「もう勇気が底ついた……今日は、がんばれない……」と、その日は連絡を止めてしまったりする。

この場合は、別に計算して引いているわけではない。だから、もしその日を境に流れが変わってしまったとしても「でも、あのときの私に、他の選択肢はなかったしな……」とあきらめがつく。

やむを得ない休憩であり、本当にこれ以上は押す力が残っていなかったのだから仕方がない。そうするしかなかったからそうした、ということに対しては、悔いって生まれない。

だけど、もしこれが「次は押そうか引こうか……よし、この辺りで、一か八か引いてみよう！」と考えて打った作戦だったとしたら。本音は連絡をしたい気持ちでいっぱいで、連絡をする気力も体力もあったのに、作戦として連絡することを耐えていて、その間に他の子に取られちゃったりしたら。それはすごく後悔する。

だから私は駆け引きはしないと決めている。そもそも押して押して押すほうが、断然効果的だとも思うし。

だって、自分に対して猪突猛進な様子って、すごく健気で可愛げがあって「素直な人だな」と好印象でしかないし、勢いがあればあるほどなんだかおもしろい。かっこつけた駆け引きじゃ、この可愛さとおもしろさには勝てないと、自分が押される側になるたびに思う。

100%相手好みの女でいる

視覚情報を軽んじる人には恋愛する資格がない

私は、相手の好みには全力で合わせる。好みがあるのであればどんどんリクエストしてほしいし、クレームがあればそれもガンガン伝えてほしいと思っている。

なので、夫に対しては常日頃から「どうしてほしい?」「どれが好き?」「どんなのが可愛い?」と、すごく質問をしている。メイク、髪型、下着、洋服、靴、香り、全部を彼好みで固めたいから、たとえば髪色は「何トーンの何色にしてほしい?」というところまで訊いて「12トーンのマット」と言われたそのままを美容室でオーダーした。

恋愛って、視覚情報がすごく大事だと思う。たとえば、かなりドキドキしていたとして、不意に相手の顔にそよぐ鼻毛を見つけてしまったら。たとえば、かなりロマンチックな雰囲気だったとして、やさしく微笑んだ相手の口元から先日まではあったはずの前歯がなくなっていたら。

絶対に気が散る。途端に、ぜんぜん集中できなくなると思う。いくらときめくことを言ってくれても、そんなことよりそっちが気になってしまう。そのくらい、視覚情報は威力を持っている。

とくに性的な興奮に関しては、見た目へのときめきが全てだと思う。

世間では「奥さんが太っても愛するべき」みたいな風潮があるし、たしかに性格が気に入っていれば愛することはできるかもしれない。けれど、興奮はできないだろうし、恋心の維持も難しい。それはさすがに仕方がないことだと思う。そこは、あとから条件を変えた人が悪い。

そもそも、そういう視覚情報を大切にしない人って、恋愛する資格に欠ける。相手への思いやりがない。そんなんだから、他の人に持っていかれてしまうんだよと思う。

友達や仕事仲間と違って、恋人は基本的にはひとりしか選べない。私は、自分の好きな人がそんな貴重な枠に自分のことを選んでくれたのならば、全力で、その人の好みを体現している女になりたいと思う。相手が最大限にときめいたり興奮したりできるように、その人のツボをちゃんと押さえる自分を目指すことは、愛情を行動で示す行為だと思う。

相手の好みに寄せることは「あなたのことが大好きなんです。あなたからどう思われるかが、私には他の何より重要なことなんです」というメッセージになる。だから喜ばれるし、私自身そうしてくれる男の人にときめく。好みに寄せてもらえると「大好き」って言われてるみたいで嬉しいし、健気で可愛くて萌える。

襟足を刈り上げたら即、離婚

私は、男の人の髪型はウルフベースのミディアムカットが大好きで、その中でも襟足部分の髪の毛がツボだ。

だから、自分の恋人には絶対に刈り上げて欲しくない。刈り上げは困る。なので夫には常日頃から「襟足の毛をなくすのは、パイプカットをしてしまうようなもの。男の機能の大部分を失ってる。刈り上げたら離婚だからね」と伝えている。

襟足に次いで、もみ上げや前髪も、私がその男の人にキュンとするための大事なポイントなので、たとえばマッシュなど、全然好みと違う方向性の髪型にされてしまったら「どういうつもりなの……？　私の気持ち、どうでもいいの？」と悲しくなるし、「思いやりがない男だな」とゲンナリする。100回「愛してるよ」と言われるよりも、髪型を私好みにしてくれたほうが「ああ、この人って、私のこと大好きなんだな」と感じる。

独身時代はゲンナリしたら別れて次の男の人にいけばよかったけれど、結婚すると、別れることはそこまで気軽ではないので、夫には「あなたが私好みの髪型にしないことは、どういう事態を招くことなのか」ということについて普段から説明するようにしている。

妥協すると他の男が目につき始めるよ？

「あなたの髪型に対して物足りなさを感じ続けることになると、よそで私好みの髪型の男の人を見かけたときに『おっ』ってなりやすくなるよ。あなたが私の『襟足欲』を満たさない場合、世の中の素敵な襟足が目につき始めるんだよ」「それで私が好みの髪型の人と浮気をしたら、あなたのせいだよ」と。

「だから、襟足を切るときは、そういうつもりで切ってね」「そういうリスクのある行為なんだってこと、知っててね」と。

そうすると「襟足ってそんなに大事……?」という話になるので、さらなる例をあげる。「じゃあ、もし私がおっぱいを取っちゃったら、どう?」と。

私にとって男の襟足は、あなたにとっての女のおっぱいのようなもの。そんな大事なところを取ってしまった姿って、どう?

もしも私が「だって邪魔なんだもん。胸は小さいほうが楽だし、私はそういう自分のほうが好みなの」みたいな理由で、あなたの大好きなおっぱいを取ってしまうような女だったとしたら。

「ねえ、そんな思いやりのない女のこと、愛せるの?」そう訊く。

「私が100キロになっても、今と同じ目で見られるの?」「結構、嫌でしょ?」

「ね? 視覚情報って、すごく大切じゃない?」と言う。

そう思っているからこそ当然に、私は彼の要望を大切にしている。

結婚相手は性行為だけで選んだ

人間性がモロに出る唯一の行為

夫のことは、性行為のよさだけで選んだ。

彼のセックスのやり方に惹かれて、それだけで「結婚したい！」と思うほど好きになった。


そもそも、婚約をした時点ではそれ以外のことを何も知らなかった。本名も知らなかったくらい。会話すら、ほとんどしたことがなかった。

出会ってから婚約するまでの3ヶ月間は、つぶれるまでお酒を飲んでからホテルに泊まって帰る、というデートを繰り返していたのだけれど、そのときの飲み方は、ジャンケンをして「あっちむいてホイ」をして飲む、というようなものだったから、人となりが見えるような会話は本当に一切していなかった。

そんな状態で結婚を決めたけれど、「この人で大丈夫かな？」というような迷いや不安は全くなかったし、「情報不足だ」とも少しも思わなかった。

だって、セックスのやり方を見れば、その人の人間性ってかなりわかる。

性行為というのは、圧倒的に男の人がやる側だから（女はマグロでも成立するけど男のマグロは成立しない）、セックスのやり方には、その男の人の内面がモロに出る。どんな人なのか、よくわかる。

セックスがうまい、というのは、それだけの知識があるということ。ノリと勢いでは、相手を気持ちよくすることはできない。

ちゃんと女の体について知っているからこそツボを外さないのであり、逆に何をしても外してるような人は完全に情報不足で、ぜんぜん勉強をしていない。あれだけデリケートなところに触りまくる行為なのだから、知識をつけておくのはマナーだと思う。

彼のセックスに関して言うと、まず「ズバ抜けてうまい」とも思うのだけど、それだけではなく、やり方にいいところがありすぎる。「よくそんなことまで気がつくなぁ」「すごい思いやりだなぁ」と感心することが、今でもとても多い。

私のことをよく見ていないとこんなセックスはできない

たとえば、私を仰向けに寝かせるとき。髪が長いと、背中とベッドの間に髪がはさまって頭皮がつれてしまうのだけど、普通の男の人はそんなことには気づかないので、そのまま動き始める。動かれた分だけ髪が引っぱられて痛いし、どんどん髪が絡まってしまうから傷むし、ちぎれる。

でも彼は、私を仰向けに寝かせた後にそのまま動き出したことが一度もない。必ず、その前に軽く私の肩を抱くようにして持ち上げて背中を浮かせ、髪を前に持ってきてくれる。

女になってセックスをしたこともなければ、ロン毛だった時代があるわけでもないのに、よくそんなことまで気がつくなぁとビックリするし、思いやりレベルの高さに感動する。

私が「もうちょっと腰の角度を上げたいな」と感じていると、何も言っていないのに彼はその高さになるように支え方を変えたり、必要なところに枕を入れてきたりする。

彼とセックスをすると、本当にこの人は、私のことをすっごくよく見てるんだなぁと感じる。それに、とてもやさしい人なんだろうとも思う。

性行為には、すごくその人が出る。こんなにも情報量が多くて、人間性がモロに見える行為って他にないと思う。

だって、たとえば食事の場合、お店の力もあり、シェフの力もあり、空間の力もある。だけど、性行為はその人の力量でしかない。良し悪しが、その人が何をどうしたかだけで決まる。

その他のデートプランと違って、性行為は、あまりにもシンプルに人対人で、だから全くごまかせない。実際より良く見せることはできないし、考えの甘さや浅さ、間の悪さ、自分勝手さ、そういうのがモロに出てしまう。人間性を隠せない。

だから、彼のことはセックスのやり方くらいしか知らなかったけれど、結婚を決めるには十分な情報量だと思っていた。

逆に、性行為をしないままで結婚するのは絶対に嫌だし、超危険だと思っている。

私たち夫婦の間に信用はない

「信じてないから無理だよ!」と伝える

私たち夫婦の間に信用はない。彼のことを「信じてる」と思ったことは一度もないし、彼も普段から「俺は美咲ちゃんのことを全く信じていない」と断言している。

夫婦円満を維持するにあたって、相手のことを信じている必要は特にないと思う。そもそも「信じる」ってどうやるの? という感じで、彼相手に限らず「信じる」という感覚が私の中には存在しない。

彼が私のことを信じてないのはまた別の理由だと思うけれど、私が彼を信じていないのは、彼のことを疑っているからとか、彼が怪しいヤツだからということではなくて、私が自分の見る目に自信がないからだ。

私の目は節穴。だから、いちいち質問する

「信じる」というのは、まず、自分の感覚を信用していないと成立しない価値観だけれど、私にはそれが無理だ。「この人は悪いことしなそう、大丈夫そう」と感じていた相手に裏切られたことなど何度でもあるから、私は自分の「信じる」が信用できない。私の「この人なら信じられる」は信憑性に欠ける。

「信じてるから大丈夫なの」と言う人を見ると「この人、どれだけ自分の見る目に自信があるのだろう」と不思議な気持ちになる。

私は私の目を「節穴だ」という前提で生きているから、「特にあなたのことを怪しいと思っているわけではないけれど、信じてるから大丈夫という処理はできないの、よろしくね」となる。信じるという解決方法がないから、気になることは質問をして確認するしかない。

そもそも、信じる信じないが話題に上るような行動を取っている時点で、そんな

人うさんくさいし、ぜんぜん信じられる相手じゃないとも思う。

夫婦が仲よく暮らしていくために大切なことは「少しも怪しませないようにするね！」という誠意であり、それが相手を大切にするということだ。

「そんなこと言うなんて、俺のこと信じてないの？」とかそういうやりとりが発生してしまうのは、カップルとして不具合がある証拠だと思う。だいぶ思いやりに欠けているし、お互いを人生の最優先にできていないからこそ生まれる会話だ。私はそんな生半可な気持ちでは結婚しないし、そんなダラシない男の人を夫にするのは嫌だ。

「信じる」を必要としてくる時点でアウト

「私は彼のことを信じてるから、他の女の人と出かけるくらいは大丈夫」と言う人をよく見かけるけれど、私は、信じてないと不安になるような行動をされることは、もうすでにアウトだ。

だから、女の子と飲むことも、外泊をすることも、その時点でアウト。実際に何があったかではなく、何かを起こそうと思えば起こせるような状況で過ごしたことが、もうアウト。「信じてるから大丈夫」をアテにした行動を取ってるその態度が、誠意に欠けていてアウト。

普段から私は「信じてないから無理だよ!」と伝えている。全然信じてないよ、だから怪しいことはしちゃダメなんだよ、疑える余地を作らないでね、と。

ちなみに夫は、疑う余地のある場（飲み会など）に、「行きたい」とも言い出さない。

結婚してすぐの頃、彼が同窓会に行ったことがあったのだけど（同窓会は私も行きたい派なので、行っていいと思っている）、そのときに「じゃあその日は一緒に過ごせないんだね。寂しいしつまらないから、私もどっか出かけてくるね」と言ったために、彼の中では「自分が出かける」＝「その時間、美咲ちゃんが暇になる」＝「美咲ちゃんもどこかに出かける」＝「信用ならない」というふうになり、出かける気が起きなくなっているのではないかと思う。

幸せだと思えなくなったら即、離婚

はじめての結婚はうまくいかなくてあたりまえ

離婚はあり。大ありだ。

だって、私にとって今回の結婚は人生ではじめての結婚で、そう考えると失敗するほうが当然だ。

ほとんどの人がはじめての恋人とは結婚せず別れるし、多くの人が最初の職場で「大満足！　定年までここで働きたい！」とはならないように、何事も最初は右も左もわからないまま「どう選ぶのがいいか」という基準も持たずに始めているわけだから、途中で「あれ？　違った！」となって当然。初婚で添い遂げられたとしたら奇跡だと思っている。

奇跡が起きたら素敵だなぁとは思うけれど、もし離婚になってしまっても、全く気にしないし問題ない。「この人とならバツがついてもいいから結婚してみたい！離婚するハメになってもいいくらい大好き！」と思えたから結婚したし、離婚は想定内だ。

「空気みたい」な夫ならいらない

私の「離婚する」のハードルは、世の多くの奥さんのそれより、だいぶ低いと思う。

不倫とか借金のような、あからさまに家族に迷惑をかけるようなトラブルを起こした場合はもちろん、そこまでのことが起こらなくても、もしも「一緒にいる意味あるのかなぁ」と感じてしまったら、「なんだかただの空気みたいだ」と思ったら、それも十分に離婚したくなる状態だ。

「一緒にいたほうが楽しい」と思えなくなったら離婚したい。

私は今、彼が仕事から帰ってくるとすごく嬉しいし、帰ってくる前よりも帰ってきた後のほうが断然楽しい。あばらが痛くなるほど笑ったり、可愛すぎて泣けてきたり、ちょっとしたことで怒ったり、私が怒ったことに対しての彼の反応に結局また笑ったり、彼が同じ部屋にいると私の喜怒哀楽は忙しくなって、人生に退屈しなくなる。10時間もすればまた会えるのに、彼が出かけて行ってしまうときは毎日必ず「えー、もう行っちゃうのー?」という気分になるし寂しい。

結婚生活は、結婚していなかった頃の生活とは比べものにならないほど楽しい。恋人時代よりも断然、満足度が高い。明日以降もこの人の妻でいたいとそう思う。私は毎日、彼との結婚生活を続けることを選んでいる。その結果として今のところは離婚をしていない。

だから、もしもお互いを「空気みたい」に思うときが来たら、それって今とはまるで違う空気感だし、私にとってそれでは夫婦でいる醍醐味がないから離婚する。

楽しませてくれない相手のために家事なんてできない

そもそも、よっぽど楽しくないと、結婚生活などやっていられない。結婚って、赤の他人と戸籍を共にする厄介さを背負うことだけど、よっぽど大好きじゃないとそんなリスクを抱えていたくないし、結婚生活って他人の分の家事までやるハメになることだけど、普通に考えたらすごく嫌なことだ。

彼のことが大好きで、彼との毎日が楽しくて、「この暮らしを守るためだから」という思いがベースにあるから今は負担に感じていないけれど、毎日の食事を用意したり後片付けをしたり洗濯をしたり掃除をしたり、そんなの冷静に考えたら自分の分だけでも途方に暮れるほど面倒くさいことなのに（家事が嫌だから一度も一人暮らしをせず、ずっと実家暮らしをしていたくらいなのに）、よっぽどの良さがないと超ヤダ、と思う。

ハムスターや小型犬でさえ世話をできる気がしないから飼いたくないのに、成人男性の暮らしの世話をするのは、それよりよっぽど手間暇がかかる。かなり強く「結婚生活って最高！」と思えていないと、誰かの妻としての暮らしなどデメリットが多すぎてやっていられない。「空気みたい」な男のために、夫婦でいる厄介さや、他人と暮らす煩わしさを背負う気には、とてもじゃないけどなれない。

だから、1日でも彼が「空気みたい」な態度を取る日があったら「こんなのは嫌だ」とハッキリ言う。

真顔で食事をして、無言でテレビを見て、そんなふうだったら「一緒にいる意味ない気がしてきた」「あなたにとって結婚がこういうふうに暮らしていくことなら離婚する」「空気みたいな夫なら手間がかかるだけだからいないほうがいい」と伝える。

「あなたがよっぽど可愛くないと、家事をする気なんて起きない。あなたがいる分、増える家事って大量にあるんだからね。それを苦とも思わずやれるのは、結婚生活が超楽しい場合だけだよ」と言う。

彼からの愛情表現が足りないときも「もっと可愛がってくれないと一緒にいたくなくなる」と伝える。「可愛がってくれない男の妻として生きていくのは嫌」「こんなんじゃ女体の持ち腐れになる」と言う。

「気づいてほしかった」は意地悪

夫へのリクエストとクレームは、とにかくハッキリと言うようにしている。「大好きそうな感じは？」「愛情ほとばしらせてみて？」「美味しい顔は？」「愛してる感じのチューは？」って、どんな些細なことでも、物足りないと感じたらその場で伝える。

ある日突然に離婚を切り出して「気づいてほしかった」と言ったり、説明もしていないことを「あなたたって人は、どうしてわかってくれないの？」などと言い出す女の人ってすごく多いけれど、それは察してほしがり過ぎだし、意地悪だと思う。

察してくれるに越したことはないけれど、それよりも、こちらがどう思っているのかを知った上で、どう出てくれるのかが肝心だと思う。だから私は説明する。

もしもいつか私が「離婚しよう」と言い出したとしたら、彼は「ああ、あれがいけなかったんだな。だから嫌になって、離婚って言い出したんだな」と、すぐにわかるだろうと思う。心当たりだらけになるはず。

不満や不安を、ちゃんと知らせる。私の心にあるものを、とことん把握させる。そういうの嫌と感じたら、そう伝えて「直せる？」と訊く。絶対に直してもらわないと困ると感じたときは「直せないなら離婚するよ」とも言う。「こういうことの積み重ねで離婚したくなるんだと思う」「この延長線上に離婚があるよ」と、その都度そのときの気持ちにドンピシャな表現を考えて、言葉で伝えている。

本当に離婚がチラついたときにしか「離婚」という言葉は使わない。全然カマをかけているわけでもないし、試しているわけでもない。いつも身も蓋もないほどの本音だ。

離婚は恐れていないけれど、こんなに楽しい結婚生活をできることなら失いたくないし、少なくとも「知っていたら直したのに」なんてことが原因で離婚したくない。すれ違いは防ぎたい。

だから私は、彼に「ああしてほしい」「こうされると嫌だ」「それだと離婚したくなる」と伝えることを徹底している。それはラブラブ寿命を延ばす工夫であり、悲しいすれ違い対策だ。

男性のことは立てるより可愛がる

私専用の夫に育てる

世間では男性を立てる女が「いい女」とされているけれど、私は男性のことを立ててようと思ったことはない。それよりも傷つけないこと、大切にすることを意識している。その人が元気に暮らせるように、笑顔で過ごせるように。それを守れるように、壊さないように。そういうふうにそばにいることを重視している。

それに加えて、夫に関しては可愛がるようにもしている。可愛い夫でいてほしいし、その方が育てやすいから、とにかく可愛がる。

過去の恋人たちを育てたことはなかったけれど、彼とは結婚をして、一生一緒に過ごすことが前提の関係になったから、だったら私好みの旦那さんになるようにしようと思って、そうなるように日々育てている。

その甲斐あって、彼は「私専用の夫」としてどんどん仕上がってきていると思う。可愛がった分だけ可愛い人にもなった。結婚を決めた頃の彼は特に可愛い系ではなかったけれど、今の彼は赤ちゃんに見えてくるほど可愛い。

彼いわく「美咲ちゃんは俺のことを可愛がるのが好きみたいで、俺が可愛いと喜ぶの。だから俺は美咲ちゃんの前では可愛い子ぶることに決めたんだ」とのことで、それはすばらしい心がけだと思う。是非ともその意気で、これからもどんどん私好みの男になっていってほしい。

夫と子どもの育て方

男の人の育て方は、子育てとほとんど変わらないと思う。私は子どもを育てるときもそうしようと考えているのだけれど、怒る叱るではなく、教える、訊く。説明する、質問する。ザックリとそういうマイルールを持って彼と接している。

たとえば「明日の朝、仕事に行くときにゴミを捨てておいてね」と言っておいたのに捨てていなかったら、「今朝、何か約束を破ったことない？」と訊く。「さあ、なんでしょう？」と、本人が思い出すまでクイズを続ける。

無事に思い出したら「次からは、ちゃんとできるの？」と確認をして、頭を撫でる。「どうしたら忘れないでいられる？　何を変えたら、うっかりしなくなりそう？」と訊くことはあっても、「なんでゴミを捨てないわけ？」などと怒ったりはしない。

子育てと違うところは、あくまで「私好みの男」がゴールであることだ。つまり、正解もルールも道徳や一般論に基づくものではなく、私の性癖に準じていて、そんなのは私しか知らないことだから、とことん丁寧に説明する。

私があなたにどうしてほしいのか。私はあなたにどうされると嬉しくて、どうされると悲しいのか。一つひとつ教えて、私にとってしっくりくる夫に育てている。

3 仕事

得意なことだけをする。
好きな人とだけ組む

働くことは最高の暇つぶし

夢中になって、1日をあっという間に過ごしたい

私にとって働くことは、暇つぶしだ。
自分を持て余さないために働いている。人生を「ああ、退屈」って思わないように生きていきたくて、そのために仕事は必須だと思っている。

だから、いくらお金があっても働きたい。「これだけあればもう一生安泰！」って思える貯金があったとしても、家賃収入みたいな「もう働かなくて平気」なほどの定期収入を確保できたとしても、私は働く。

暇つぶしなら遊びや家事だけでも事足りるのでは？　と思われるかもしれない。

でも、まず遊びに関しては、私が退屈を感じない遊びのバリエーションはかなり限られているから（マン喫とカラオケと食べ歩きのみ）、遊び続けるだけの毎日だと、すぐに飽きてしまう。3日が限界。

そして家事は要領よくこなしてしまうとそれほど時間のかかることではない。だから仕事もしないと、さすがに24時間365日は使いきれない。専業主婦の生活って、物理的に暇だと思う。

私にとって、暇つぶしのハードルは結構高い。いくら予定をパンパンにして、連日朝から晩までやることがあっても、手や足を動かしているだけの状態だと私はかなりの退屈を感じる。

重要なのは、その作業をすることで自分の頭がフル回転するかどうかだ。脳ミソを使い切れている感じがするかどうか。その最中に「ああ、退屈」「まだあと何分ある」と考えてしまう場合、それは暇をつぶせていない。夢中になれてはじめて「暇つぶし達成」だと思う。

私は今日1日を「あっという間に」過ごしてしまいたくて、そのために働いている。だから、気づいたら「え、もうランチタイム？」って、気づいたら「もう夜！帰らなきゃいけない時間だ」ってならないと嫌だ。

高校を卒業してから「下田美咲」を仕事にできるようになるまでの6年間、私は夢追うニートだったけれど、それはアルバイトや就職をしたところで、そうやって働く毎日には夢中になれそうになかったからだ。

私にとって多くの仕事は「退屈」だ。タレント業でさえもそういうフシがあったし、特に一般的な仕事では、退屈を感じてしまう。それは業務としてチョロいから、という意味ではなくて、作業との相性がよほどよくないと、うまく自分を使いこなせなくて、頭が余ってしまうからだ。

人生自体が80年の暇つぶしである

そもそも私は、生きること自体も暇つぶしだと思っている。生まれるということは、80年間の暇な時間を渡されることだ。

遊園地でアトラクションが3時間待ちだったりするとかなり途方に暮れるけれど、人生って、死ぬまでの待ち時間みたいなものだ。私は現時点だと、あと55年待ちくらい。だいぶ長い。こんなに先が長いのに今から途方に暮れてしまうとヤバイから、とにかく退屈しないように生きなくちゃ。そんなふうに思っている。

寿命を持て余したらしんどいから、死にたくならないように生きたい。

だから夢中になれているかどうかにこだわる。夢中で仕事を片付けているうちに、今日や今週や今月や今年が「あっという間に終わってた！」ってなるようにしたいから、夢中になれる仕事じゃなきゃ困る。

自分を使い切れて、大金が稼げること

そして仕事は、大金持ちになるための手段でもある。大金持ちには絶対になりたいから、「好きなことを仕事にできるのであれば給料なんかどうでもいい」とは一

切思わない。

私の価値観だと、安心して生きていくためには有り余るほどのお金が必需品で、なるべく早く確保したい。


でもいくらお金がたくさん稼げる仕事だとしても、頭が退屈な作業だと嫌だ。その両方がそろっていないと、私の命を支えるものとしては不十分だ。

夢中になれて、それをやりちぎった先には大金持ちになれる可能性があるか。それが私の、仕事を選ぶ基準だ。

私に向いていることは少ない

ちなみに「下田美咲業」以外を選ばないのは、退屈してしまうからやりたくないというのもあるけれど、迷惑をかけてしまうからやるわけにもいかない、というのもある。

私には、ほとんどの業務が向いていない。ピントが合わなくて、要点がつかめない。苦手なことが多すぎて、どの仕事でも「どうしてもうまくやれないこと」が大量に登場する。

参加してもあまりにも役に立てないから、雇ってもらうことに申し訳なさを感じる。仕事ができない人材である私が就職をすることは、その会社への迷惑行為だとも思っている。

嫌な仕事は何ひとつやらない

結局のところ、仕事＝人生になる

私が仕事をする上で大切にしているのが、嫌なことを一切しないことと、金額。人は週に5日間、起きている時間のほとんどを仕事をして過ごす。それってつまり、仕事＝ほぼ人生ということで、「仕事がつまらない」は「＝つまらない人生」になる。そう考えると仕事は、嫌なことだとまずいし楽しくなくちゃ困る。

嫌なことが仕事だとストレスで病気になる。このことは、13歳でモデル事務所に入り、王道のやり方でその道を歩んでいた頃に、何度も病院行きになった経験から思い知った。

スタッフに対して「私、この人のこと嫌いだ……」と感じてしまうとその日のうちに血尿が出て救急車に乗るハメになったし、プレッシャーを感じる撮影が決まると顔中に湿疹が出て（そしてそれが化膿して）撮影どころではなくなったし、テレビのロケで不本意なリアクションを求められると全身にひどい蕁麻疹《じんましん》が出て、しばらく点滴が必要な体になった。

そんな時代を経て、「私はストレスに弱いから、邪道なやり方でゴールを目指してみよう」と決意をした。以来、憂鬱《ゆううつ》になるような仕事は絶対に引き受けないようにしている。

働いて得たお金が医療費に消えてしまうのだったら、それってタダ働きと変わらない。働いた意味、と思う。プラマイゼロだし、むしろつらい思いをしたり痛い治療をしたり面倒な通院に時間を取られる分、マイナスになる。

私は人よりもストレスが病気化するスピードが速いけれど、ストレスを感じることで体をむしばまれるのは全ての人がそうなのだと思う。そして、なかなか病気化しないで耐えられちゃう人ほど、一気にドーンと大きな病になってしまうように思う。

なので、仕事のオファーをいただいたら、まずその内容が〝絶対にストレスにならないものであるか〟、そして〝楽しそうか、ワクワクするか〟という基準で考える。

それから金額を確認する。そして金額には、かなりこだわる。

金額はウソをつかない

なぜなら金額は、ありとあらゆることの目安になる。相手がこちらのことをどういう目で見ているのか、そのプロジェクトがどういうものなのか、どのレベルの仕事を求められているのか、そういう情報が金額には表れている。仮にどんな建前を並べられたとしても、金額を見れば先方の本音がよくわかる。

私への報酬額が高い場合は、そもそもそのプロジェクトには大きめの予算がつけられている。だとするとそれは会社にとって重要なプロジェクトで、それを任せるにふさわしいメンバーが集められている。
そういう現場には本気で働いている人しかいない。携わる人がみんな一流で、クオリティーの高い仕事をする。そういう環境だと、私もクオリティーの高い仕事ができる。

逆に安い場合、その仕事は「まあ、この程度でいいですから」というような大前提のもと、みんながそういうスタンスでやっつけ仕事をしているから、関わってしまうと自分の黒歴史になることがある。安い案件って、二流三流のやり方をする人が起こす事故に巻き込まれたりするから怖い。

手抜きをせずに120%の力を注げる金額だろうか?

それから、自分が手を抜かないでやれる金額なのか? という視点でも、よーく考える。「私、ちゃんと全力で取り組めるかな? そのために必要な条件、整ってるかな？」って。

報酬が高いと「この金額に見合う仕事をしなければ……！」とプレッシャーを感じる。手を尽くさなくてはと思う。その結果「とことんやろう！　やれるだけのことをしよう！」というスタンスで取り組める。

逆に安いと、どうしても手を抜いてしまう。まずその仕事だけでは収入が足りないから同時期に他の仕事も受けることになるし、そうなると一つひとつに対してやれることに限度も生まれてしまう。最優先にはできなかったり、後回しになってしまったりする。「金額的に、これ以上の時間を使ったら赤字だ」とも思うから、ある程度のところで「まあ、今回は、これでＯＫでしょ」みたいな仕事の仕方になる。結果的に、すごく失礼な感じになってしまう。

だったら、引き受けないほうがいいよなぁと思う。だから「安い」「それだと私の全力を確保できそうにない」と感じたときは、お断りする。

「私の全力」とは何かというと、たとえば、現在お悩み解決がテーマの小説を連載しているのだけれど、この原稿は自分の頭と向き合うだけでも書こうと思えば書ける。

だけど、よりリアリティーのある描写を目指したり、スラスラと書くために（私の場合、あまり苦戦せずにスラスラと楽に書ける原稿ほど出来がいい）、編集部から出されたお題に近い悩みを持っている人を探し、話を聞きに行ったりする。友達に連絡をして、アンケートを取ったりインタビューをしたりする。

こういうのは、私がその仕事をとことんやりたいがために勝手にやる努力の一種だ。

やるからにはとことんやりたい、と思う。時間も労力も注ぎまくるスタンスで取り組みたい。だけど、それはそのプロジェクトにガッツリと私の時間を買い取ってもらえないとできないことだ。だからいつも「そこまでできる金額だろうか？」と考える。手抜きをせずに１２０％の力を注げる金額だろうか、と。

公私混同するときは例外

ただ、その仕事を引き受けることで「なんならお金を払ってでもほしい！」と思っていたものが手に入る場合は、安くても受けることがある。たとえば、人との出会いや、今までの自分にはなかった価値観など。

独身時代は「この仕事をすると、ギャル男系の男の子にいっぱい出会える！」という理由でギャル男雑誌の連載をやっていたし、今後はママ友がほしいので（子育ての情報に詳しい知人がいたほうが何かと便利そう）そういう出会いにつながりそうな案件であれば、それを目的に受けることがあると思う。

納得できないことは絶対にやらない

それから、仕事をする上でこだわっているのが、自分の名前を絶対に汚さないようにすること。

私は「下田美咲」という名前を商品として仕事をしている。だから「下田美咲」に変な仕事をさせないことは、すっごく大事。それは譲れないことなので、過去には現場で戦ったこともある。

以前、海外の市場で食レポの撮影をしていたときのこと。そこで飲んだスープがあまりにもまずかったので、もちろん「まずい」とは言わないけれど「美味しい」以外の表現をするようにしていたら、ディレクターから「イヤでも、そこは美味しいって言っちゃってよ、とりあえず」と言われた。

私は、

「あなたはこの映像に自分の名前が出ないからいいかもしれないけど、私は顔と名前をさらしていて、それは一生残るんです。まずいものを『美味しい』と言うような食レポはできません。

オンエアを観たファンの人が『美咲ちゃんが美味しいって言ってたから食べてみたい！』と実際に食べに行ってしまう可能性だってあるのに。それで『え、まずいじゃん』となったら、私の言葉は力を失うんです。『平気で嘘つける人なんだな』

と思われて、信用も失う。私は一生、下田美咲を背負っていくしかないのに、そんなの困ります。

美味しいというリアクションをすることが絶対なら、本当に美味しいものを探したいです。この食レポ、絶対にこのスープでやらなきゃいけないわけじゃないですよね？」

そう言って、嘘の「美味しい」は断固拒否した。

自分の言葉の力が落ちてしまうことは絶対にしない。私にとって「この人が美味しいって言っても美味しくない可能性がある」と思われることは、もう二度とテレビに出られないリスクよりも避けたいことだった。

（この後、全身に蕁麻疹が出て病院送りとなった。海外の注射は強烈だった）

苦手の克服は一切しない

できないことはやらない

苦手の克服はしないことに決めている。
だから本当に、一つも克服していない。苦手なことは苦手なまんま、ずっと放置している。

私は人と比べても、苦手なことが多いほうだと思う。でも、その作業をする機会が人生に登場しなければ、そのことは問題にならない。だから、その作業を登場させないやり方を考えるようにしている。

それが業務に入ってこないことだけを仕事に選ぶようにしたり、苦手なところは人に任せたりする。どうしてもやる必要があるときは、いくらでも人の力を借りて、自分が苦戦しないで乗り越えられるような裏技を手配する。

私は13歳から23歳までモデルをやっていたけれど、撮影で笑顔を作るのが苦手だった。10年間もやっていたのに、結局いまだに作れない。

何かこだわりがあって、やりたくないのではない。本当にできない。ただ単にその技術がない。数学が苦手とか、暗記が苦手とかと同じで、やる気の問題ではなく、持っている脳と作業との相性が悪いというか、どうすると「3・2・1」のカウントで突然にいい感じの笑顔を作れるのかが、いくら考えてもわからなかった。

笑顔を避けていても、のらりくらりおこづかい稼ぎ程度のモデル業はできたけれど、モデルという職業に就いて上を目指すのであれば、笑顔の技術は必須だ。

ならば、モデルにならなければいい話だ。モデルを仕事にしなければ、笑顔が作れないことは私の人生で問題にならない。

どうしてもというときは人に頼りまくる

しかし、コール日本一やアルコール女王として注目を浴び、タレント下田美咲としての活動が盛んだった頃、モデルではないけれど笑顔が必要とされる撮影が多々あった。そんなとき、私は現場に母を呼んだ。そしてカメラマンの横に立ってもらって、「みーちゃ〜ん」などと言いながら手を振ってもらったりした。赤ちゃんの撮影と同じ手法である。

ちなみにこれは、いちモデルとしての撮影だとしたら許されないことだけれど、タレント下田美咲としての撮影であれば許された（私を使ってくださいとお願いして仕事をもらうのではなく、相手から指名されて仕事を引き受ける立場になると、かなりこの手の融通が利くようになる）。

技術としては笑えないから、本当に素で笑えるように段取りをした。私の笑顔を引き出すのがうまい人たちの力を借りて、どうにかして笑顔の写真を残すことを目指した。

こうやって周囲に頼れば、苦手を克服しないままでも任務を成し遂げることができる、ということを実感した経験だった。

私にはドラマもバラエティーも無理だった

また、私は演技もできない。モデル時代に何度かドラマや映画などの仕事をする機会があり、そのたびに「私、演技、絶対にできない!!!」と思った。

事務所に導かれるままに、演技レッスンはグループのものもマンツーマンのものも受けた。「努力をすれば誰にでもできる」「恥を捨てればできる」などと言う関係者が多かったけれど「この人たち演技をナメすぎでしょ……そもそもその理屈は俳優さんに失礼……」と思ったし、何をどう教えられても、どれだけ場数を踏んでも、自分の演技ができない原因が、そういう理由とは思えなかった。

本当に、とことんわからなかった。演技って想像力が必要だと思う。あと演技プランをひらめくセンスも。台本を読んでも、それをどんな声音で表現するべきなのかが、いつもまるで浮かばなかった。

それから、私には他人の演技を見て吹き出してしまうクセもあった。笑ってはいけないという状況に耐えることが私は異常に苦手だった。これは致命的なことだ。笑ってはいけないと思うだけで笑いたくなるのに、さらには演技をしている人の顔ってすごくおもしろいし、演技中の空気の滑稽さって凄まじい。お手上げだった。

演技は、すごく向き不向きがある。決して誰にでもできることじゃない。私の勘だと、妄想癖があって想像力が豊かなタイプの人が向いていると思うし、その点で、私は人生で一度も、妄想をしたことがないし、想像も苦手だ。そもそも未体験の映像が頭の中に流れたことがない。私の頭にはいつも文字しかない。テロップしか流れない。

バラエティーも、幅広い意味でいうと演技だった。具体的なセリフの台本はないけれど、こういうリアクションをするべきというゴールが必ずあって、そこを狙ってシュートをしなくてはいけない。私にとってそれは演技だった。

バラエティータレントを職業にすることは私には向かない、と思った。だから、今私がテレビに出るのは下田美咲特集のようなときだけで、本音のトークができる枠とドキュメンタリー番組だけだ。

自分に笑顔が作れないことや演技ができないこと、バラエティータレントには向かないことは、やってみてはじめて知ったことだった。

がんばってもできないこと、できるようになる可能性がないことって、いっぱいあるんだなぁということを、苦手なことが目白押しだったモデル時代に思い知った。

苦手の克服に価値なんてない

そもそも、苦手の克服に時間を割いている暇があったら、得意なことを伸ばすべきだと思う。だって、そうしないと成功はできない。極めることでしか抜きん出ることはできない。苦手を克服したところで普通にしかならない。マイナスがゼロになる程度。それが得意な人には勝てない。であれば、それって努力をするほどの価値がないことだと思う。

私でも血反吐を吐く努力をすれば「3・2・1」で笑顔（みたいな表情）を作れるようにはなるかもしれないけれど、笑顔が素敵なタイプのモデルさんの笑顔って、ただ笑えているだけじゃないというか、味みたいなものがあるし、それに、笑顔が映える顔の作りってある。私の骨格は、あまり笑顔向きではない。笑わないほうが盛れるタイプ。

そんなふうなので、苦手なことは何ひとつなくなっていないけれど、ここ数年、私の人生には「これ苦手」ということを痛感する機会自体がない。得意を伸ばしまくると、その仕事だけで回していけるようになるから、もはや苦手が登場する場面がなくなる。

私はこれから先もずっと、苦手なことをやらなくてすむように生きていこうと思う。

ほめ言葉よりも、お金

言葉はいくらでも盛れる

他人からの評価で参考にしているのは、仕事だったら、一番はお金。どんな言葉をもらえたかよりも、どのくらいお金を払ってもらえたか。

それから、次のオファーがあるかどうか。

言葉でほめられることに関しては、「嬉しい」とは感じるし、全て真に受けることにもしている。

ただ、それをアテにはしない。「こんなふうに言ってもらえたってことは……」というような期待をしたり、自信を持つ根拠にしたりしない。言葉だけの評価はリップサービスとの見分けがすごく難しいし、口だけならなんとでも言える。

だから、私が「ああ、この人は本当に、私のことを高く評価してくれているんだな」と思えるのは、報酬やオファーのような確かなものを伴っているときだ。

言葉は盛れてもお金を盛ってくる人はいないし、一度目の仕事を「本当によかった」と感じていないと二度目のオファーはしないはず。それこそ「安く使いたい」などという下心があったら、いくらでもリップサービスの大盤振る舞いをしたりするだろうけれど、お金やオファーは評価していないと積めない。

だから「一流扱いだなぁ」と感じられる報酬額を提示して再びオファーをもらえたときは心底嬉しい。「ちゃんといい仕事ができていたようだ」と安心できるし、そういう現場でほめられると「これは本当にそう思ってくれてるんだろうな」と思える。

私には、私のよさはわからない

自分のことを、自分で評価するようなことはしない。できないとも思うし、仮にしたところで、その結果はどこにも通用しないものだから、するだけ無意味だとも思っている。私が自分について考えるときや資料を作るときに材料とするのは、他人からの評価と数字の実績だけだ。

実績にしか他人は反応しない

そもそも世間の人たちは、他人のことを実績で判断している。
たとえば、ベストセラー作家の文才は誰も疑わない。その人の本を読んだことがなくても、売れているという情報だけで「すごい本を書く作家さん」というふうに見る。実際に自分がその人の文章を読んだ場合に、少しもいいと思わなかったとしても。

私の場合、「YouTubeでの動画再生回数が1000万回になった下田美咲です」「noteで数千万円を売り上げています」という情報は、営業トークとしてすごく引きがある。それを最初に伝えることで、企画書に目を通す気になってもらえる。

だけど、実績の前置きをせずに「私、めっちゃおもしろいことしてるんです」「すごい企画を思いついたんです！」と言ったとしても、誰も反応しない。企画書を開いてもらうところまでも辿り着けない。

実績以外の情報に他人は反応しない。それが現実だし、それで当然だと思う。私だって、唐突に「俺、めっちゃいい音楽作ってるんだよ！　ライブ来てよ」とだけ言われても行く気にならないし、全く興味を持てない。でも「明日はアリーナでワンマンなんだ」と言われたら、この人は実力があるミュージシャンなんだろうな、と思う。「どんな曲作ってるの？」と知りたくもなる。

仕事は他人からの評価が全て。だから私は自分自身でも、他人が私に当てているのと同じモノサシで自分を測って、その上で作戦を立てるようにしている。

仕事以外は、バカだと思われていてもどうでもいい

ちなみに、仕事以外での他人からの評価に関しては、まず仕事じゃないときは相手に自分がどう評価されているのかを全く気にしないので、バカだと思われていても全然いいし、本当にどうでもいい。私がプライベートで他人の胸中を測るとしたら「この人って、私のこと好きなのかな？　嫌いなのかな？」ということくらいだ。

そのときに「どうやらこの人は私のことを好きらしい」と判断する基準にしているのは、相手が、これといった用もなく連絡をしてくるかどうかだ。


仕事の都合で少し前から単身海外暮らしをしている義父は、日本に戻ってくると「今着いたぞ」と連絡をくれる。そして戻るときも「今、空港。これから飛行機に乗る」「今、向こうに着いた」とマメなほど報告をしてくれる。

私は当初、これは家族みんなに送られているものなのだと思っていて、その中に私も入っているだけ（血の繋がらない嫁としては大健闘）だと考えていた。

あるとき、夫に「そういえばヒロキ（義父）のいる国って、すごく遠いんだね。飛行機に乗ってから向こうに着くのに24時間近くかかっていたもんね」と言ったところ「え、なんでそんなこと知ってるの？」と言われた。「え？　だって、さっき『今向こうの空港に着いた』って連絡が来たじゃん。で、こっちを出たのが昨日の昼間だったじゃん」と言ったら「え？　そうなの？　俺には何も来てないけど」と言われ、実の息子の彼ではなく、私にだけ連絡をしてくれていたことが発覚した。

私は義父に、嫌われている可能性はないだろうし、好かれているのだと思う。

仕事を理由にドタキャンはありえない

とにかく先約が絶対

スケジュールを組むとき、仕事の優先順位はプライベートと全く一緒で同率1位だ。単純に先約を優先する。

プライベートな予定が決まっているところに後から仕事のオファーが入ってきてもそれは入れないし、すっごく会いたかった人といきなり会えることになったとしても、すでに仕事を入れている日時だったらそれはあきらめる（ただどちらも、日にちがそれほど重要な予定でなければ、別日にズラせないものかと検討することはある）。

「ごめん、急な仕事が入っちゃった」と簡単に言い出す人は、基本的に「まあでも仕事だから仕方ないよね」と考えているフシがあるように見えるけれど、仕事ならば仕方ないという感覚は私の中にはない。私は仕事を理由にプライベートの予定をないがしろにするようなことは絶対にしないし、そんなのは仕事ができないヤツの言い訳だと思っている。

「そんなんだから、いつまでも急な仕事に振り回される立場にいるんだよ、あなたは……」とも思う。

仕事であれプライベートであれ、単純に、他人を巻き込んで組んだ予定を後から動かすのは相手に失礼だから、とにかくそうならないように予定を組んでいる。

だから「来月は、この遊びがしたい！」「ここへ行きたい！」というようなプライベートな希望があるときは「早く日にちを決めよう！　仕事が入っちゃう前に決めよう！　そしたらそこはもうスケジュールブロックするから！」と言う。そうして無事に日にちを決めたら、そこにはもう絶対に仕事を入れないようにする。

下積み時代は二人で遊ばないようにしていた

とはいえ、私がプライベートと仕事を同率1位で大切にできるようになったのは「下田美咲業」を確立できた24歳からで、それまでは、仕事を最優先にしていた。

下積み時代というのは、上の人の都合やエライ人の気分に振り回されながら生きる時期でもあるから、急な仕事がめちゃくちゃ入る。「今日空いてる？　いきなりだけど、前に話した○○さん（大物）、今日なら紹介できるよ」みたいなことがしょっちゅうある。そして、そういう一つひとつのチャンスを全力で次につなげていかないと、下積み時代は永遠に終わらない。

夢を追ったり出世を目指してがんばっているような時期は、運や縁がすごく大事だ。運や縁は自分以外の誰かが気まぐれに運んでくることが多い。そしてそういう話が舞い込んできたときには絶対に駆けつける必要があって、予定は合わせるしかない。だってチャンスは、その日、そのとき、その場所にしかない。「今日はちょっと都合が……」と言った場合、その運や縁は逃すことになる。

夢を叶えて地位を得たり、ある程度のところまで出世したりして、自分自身が上の立場になれると、運や縁に振り回されることがなくなる。

なぜなら、他人が急に呼び出したりしてこなくなる。運や縁はどこまでいっても大切なものだけど、立場が上になると、ちゃんと事前に予定を確認してもらえるようになるし、こちらの都合を大切にしてセッティングしてもらえるようになる。

その証拠に、世の中を見渡すとわかるけれど、エライ人ほどプライベートをちゃんとやっている。社長ほど誕生日会をしっかりやっていると思う。

だから私はずっと、指名でチャンスをもらえるようになりたかった。さっさと叶えて、指名される人になろう。そう思っていた。だってそうなれないと、代打や偶然が重なってラッキーなことが起こったときにしか声が掛からない人生では、いつまでも急なチャンスに振り回される。

下積み時代の私は、ドタキャンをすることが嫌だったから、もはやプライベートな予定を入れないようにしていた。旅行の計画にははじめから参加しないようにしていたし、人と二人で待ち合わせをしないようにしていた。必ずグループ遊びに持ち込んで、一人くらい減っても大丈夫な人数で動くようにして、「行けたら行く！」で成立するような予定の立て方をするようにしていた。遊園地なんかも、メンバーがいきなり奇数になるとみんなの迷惑になるから、前もっては行く約束をしないようにしていた。

急な仕事を恐れずに、ドタキャンの可能性を抱えずに、プライベートな予定を入れられる立場に一刻も早くなりたい。そう思っていたから、人からは「なんか生き急いでない？　まだ若いんだから、もっとゆっくりでもいいんじゃない？」と言われることも多かったけれど、「私は、さっさと夢を叶えて、余生に入りたいの！一刻も早く下積みを終わらせたいの！　若いうちに叶えないと遅いの！」と言い切って、ガムシャラに過ごして夢を叶えた。

他人に振り回される時代は、さっさと終わらせる

その甲斐あって、下田美咲を職業にすることができた24歳からは、周囲のスタッフの都合に振り回されることがほとんどなくなったし、26歳からは自分が振り回す側にいけたように思う。

24歳からは急な打ち合わせなどを避けられるようになっていたけれど、たとえばテレビのオファーなどが来たら、それは二つ返事で受けなくてはと思っていた。

今は、テレビであっても「ごめんなさい、私、その日はダメなんです」と言える。今の下田美咲に来るオファーは下田美咲のために立てられた企画しかないから、「だったら他の子でいいや」となってしまう怖さがない。

下積み時代は、チャンスをつかむことを最優先に生きなくてはいけないと思う。急な仕事は実際にチャンスだから、「24時間いつでもOKです!!」と言えないと、一握りには入れない。「その日は都合が」などと言っていたら普通の人で終わる。

だってすごく普通なことを言っているから。

そして、そんな大変な時期は早めに終わらせたほうがいい。長引いた分だけ、エンジョイできない年齢が増えてしまう。がんばって20代中盤までに完了させたほうがいい。結婚して家族を作るときにまだ下積み時代が続いているとキツイ。あまり長引かせると、人生への支障だと思う。

急な仕事が入らない男を夫にした

ちなみに、夫にも私と同じように仕事と家庭を同率にしてもらっているかといえば、彼はそもそも急な仕事が入らない職業に就いている。そして私は彼に対して「あなたの利点はそこだよ」と常日頃から伝えていて「私はあなたに、出世するよりも、急な仕事が入らない旦那さんでいてほしいの」と念押しもしている。

一緒に子育てをする相手は急な仕事の入らない人がいい、と思っていた。彼は、私の誕生日には希望休を取ってくれるし、（本人にとってはどうでもいいらしい）彼の誕生日も私が「お祝いしたいから休んでよ」と言ったらちゃんと希望休を取ってくれた。この感じならば、運動会には行けるだろうし、授業参観にも行けるだろう。彼はプライベートを大切にするために希望休を取ることへの抵抗が薄い人だ。

そこがいいところだから、もう他の何も目指さなくていいから、その急な仕事が入らない状況だけは維持してね、と伝えている。

仕事の相談は母親にする

友達への相談は自粛している

私の場合、仕事の相談は基本的には母にする。友達にはしない。

友達に相談しない理由としては、まず、下田美咲業というのは特殊すぎるから「話しても、ワケがわからないだろうなぁ」というのが一つ。

でもそれよりも「アドバイスをしてもらっても私はそれを参考にしないだろうから、聞くだけ失礼な感じになってしまう。それを避けたい」という意味での自粛が大きい。

友達はみんな、私より稼いでいない。自分より成果を上げていない人の意見って何になるんだろうと思う。だから、もしもすごく稼いでいる友達がいたら「あなただったらどうする？」と訊くのかもしれない。

母は、私の人生の書記役

母に相談をするのは「友達と違って、お母さんの意見なら参考にできる！」と思っているからではない。そういう意味では、母も「特に成功してない人物」なので、私にとって母の意見は「成功してない人の価値観、参考にできない意見」の一つではある。

それでも母に対しては悩み事を話すのは、解決法やら斬新な提案を求めているわけではなく、私の人生にどんなことが起きて、そのときにどんなふうに考えて、どんなふうに進んでいったかを記憶しておいてほしい、という人生の書記的な役割を求めていることが一つある。それで、必要なときに「でもあのとき、ああ言っていて、それで結局、ああなっていたよ」みたいなことを助言してほしい。

母は、私が働きはじめた13歳の頃から、ずっと「下田美咲」を見てきている。過去から今に至るまでの経緯を知り尽くしていて、そういう視点からのアドバイスは参考になる。私がどんなことをするとストレスを感じて病気になってしまうのか、母はそういうことをよく知っている。だから、どれだけ大きな仕事だとしても、ビッグチャンスだとしても、「みーちゃんそういうの苦手じゃない？　ストレスにならない？　ヘルペスできちゃうんじゃない？」というアドバイスをくれたりする。

私にとって母は、デビューからずっとついていていてくれているスタッフのようなものので、なおかつ「絶対に裏切らないだろう」と思える唯一の存在だ。だからなんでも話せるし、情報が行き届いていていて話が早い。

ただの壁打ちができる相手

それに、悩んでいるときには、とりあえず誰かに話すという行為が必要だと思う。延々と自問自答だけをし続けるのは体によくない感じがするし、少なくとも私は、定期的に考えていることを吐き出す作業をしないと、頭の中に言葉がたまりすぎてパンクしてしまいそうになる。人に話すのは、メンタルバランスを崩さないためにも大事なことだ。

だから、どれだけ甘えてもいい存在である母に話す。母にならら、ただの壁打ちができる。

そういう意味では、夫にも、仕事の悩みを話すことはある。母同様に彼であれば、ただの壁打ち相手にしても大丈夫だと思うし、「だから私は今、鬱憤《うっぷん》がたまっているの！」というのは夫婦間で共有しておいたほうがいい情報のような気もするし、「疲れたの、だから癒されたいの！」「スランプだから、何か気晴らしに付き合ってほしいの！」みたいなリクエストをしたい日もあるので、そういう目的で話す。

ギャラの相談も母にする

そういう感じなので、母の「意見」は基本的には参考にしていないけれど、例外で「下田美咲のギャランティをいくらに設定するか」問題に関しては、かなり参考にしている。

私はずっと芸能事務所などに入らずに活動しているため、同じような案件を他の人がいくらで受けているのかもわからないし、そもそも私の経歴は異色なため、相場が存在しないもの自体も多い。


以前、母に「こういう案件があって、内容としてはこういう感じで、このくらいのギャラで交渉しようと思っているんだけど……ちょっと高いかな？」と相談したときのこと。

母から「いや、それだと安売りだよ。このくらいにするべき」と、倍くらいの金額を提案されたことがあった。私は自分の労力だけで計算していたけれど、母はそのときの「下田美咲」の状況や人気や数字の実績、そしてその案件に「美咲が注ぐであろう労力」を計算して、「それじゃあ安いよ、このくらいもらうべきだよ」と言ったのだと思う。当時の私にとってその金額で交渉することは勇気の要ることだったけれど、先方に母の提示した金額を送ったところ、すんなりと通った。「相談してよかった、相談って大事だ」と思った。

母はお茶の間そのもの

ギャラの相談ともう一つ、母のことは「凡人代表」とも思っていて、作品を普通の感覚でチェックしてほしいときや、問題をいったん常識のフィルターに通したいときなどにも頼る。

私の考えは偏っている、という自覚があるので、「このままだと他人に通じないんじゃないか」とか「そんな深刻な事態じゃないのに、私が変に細かいことを考えすぎなんじゃないか」と不安なときは、それを母に見せて反応を探る。母の反応を見て「もっと説明を増やそう」と考えたり、「このままで進めよう」と決めたりする。

でも、たとえば『cakes』の原稿など、完全に母世代が客層じゃない、というようなプロジェクトのときには母に相談することは避ける。公開前の原稿を見せたりもしない。

母は『cakes』の連載が公開されると「こんなこと書くべきじゃない」とクレー

ムを出してくることも多く、「今からでも消してもらいなさい」と言ってくることさえあったりする。でも、そういう記事ほどネットではバズっていて、1位をとっている。私はそういうとき「もし、母に先に見せていたら『この部分はカットしなさい』と言われていたんだろうなぁ、ああ見せなくて正解だった」と思う。

お茶の間がターゲットだ、というプロジェクトのときは、事前に母に見せる。中年女性である母の感覚は、お茶の間そのものだと思うから。だけど、ウェブ用の原稿だったり、「これのゴールは、お茶の間ウケじゃないんだよな」というものは見せない。だから、どれだけ言われても原稿を取り下げたりしないし、「こういう意図で、こういうふうに書いてるんだよ」と、とことん言い返す。

書籍に関しても、そもそも母が本屋さんに行って本を買っているイメージがないから、「お母さんはこれだったら買わないわ」と言われても「どっちにしても買ってないでしょ。そもそもまず本屋さんに行く習慣がないでしょ。ここ数年、本を一冊も買ってないでしょ。つまりお母さんはターゲット層じゃないよ」と突っ込む。

これは誰に言われてもそうで、ターゲット層じゃない人からのリクエスト・クレーム・アドバイスには、「あなた、どっちにしろ買わない人でしょ」「その手のものを買ったことがない人生でしょ」と思うので、全く参考にしないことにしている。

迷ったときは勇気がいるほうを選ぶ

後悔するかどうかは、どうでもいい

やるかやらないかとか、どっちにするかとか。そういうことで迷ったときは、より勇気がいるほうを選ぶことにしている。

言うことに勇気がいる。やることに勇気がいる。決めることに勇気がいる。それを実行することに勇気がいる……と感じる場合、それは未来への影響力が大きい選択肢なのだと思う。それをすると未来がガラッと変わってしまいそうだから、勇気がいる。

でもそれって、逆に考えると、使った勇気の分だけ人生は動き出すということだ。

がんばって勇気を出せば、そこからの現実を大きく変えられる。

だから私はいつも「どうにかして、勇気がいるほうを選びたい！」と思う。


それに、「どうしよう、どうすることにしよう！」というふうに迷っているときって、たいがいは腰が引けているだけで、内容に迷っているわけではない。「勇気さえあれば、やりたいのだけど……」という迷い。「理想はそうしたい。でも勇気がいる！　ああ、考えただけで緊張してきた。やっぱり私には無理だ！」とテンパっているだけで、プランに不備や不足を感じて迷っているわけではない。

だから、迷ったときはどうにかして勇気をかき集めるようにしている。勇気がいるほうの行動を取ることさえできれば、新しい未来が手に入ることは絶対だから。


たとえば、告白をしようかどうか迷ったとき。しないほうが楽で、するのはすごく勇気がいる。それなら告白をすることにする。

相手の答えがイエスでもノーでも、ハッキリした答えをもらえなかったとしても、いずれにせよ告白をする前とは違う状況になる。未来が今の延長ではなくなる。まったく別物な未来が始まる。告白をしたことが、自分と相手の仲にとって吉と出るか凶と出るかはわからない。けれど、こちらの想いを知ったときの相手の出方を確認できることは、自分の人生を確実に次に進めていく。

勇気がいる選択をした先には必ず、人生に新展開が生まれる。そしてそれは基本的に進展だ。

人生の分岐点に立ったときに、「どちらを選べば後悔しないか？」などと後悔を基準にしている人をよく見かけるけれど、私は、後悔をするかどうかはどうでもいいことだと思っている。

だって、後悔は、どのみちどこかで絶対にする。後悔しない道なんて、ない。

「あのとき、ああしとけばよかったのかなぁ」という気持ちには、どんな道を選んでも必ずなったりする。

だから後悔をしても気にしないし、後悔は基準にしていない。

悩む時間は1分でも短くしたい

今ではほとんど私一人で「下田美咲」を運営するようになったけれど、ここに辿り着くまでには、スタッフと組んで活動していた時期も長らくあった。過去に付いていたマネージャーやスタッフの数は多いほうだと思う。

つまり今に至るまでに、かなりの数の決別を重ねてきた。

スタッフと決別するときは、毎回かなり迷ったし苦しんだ。どうしよう、どうすればいいのだろうと悩みまくった（そして必ず膀胱炎《ぼうこうえん》や蕁麻疹やヘルペスを発症した）。

決別を希望する意志を伝える、というのは気まずい行為だ。言葉は選ぶにせよ「私の人生には、あなたはいないほうがいい」という話なのだから、気まずい。だけど、いつも何日か迷った末に必ず決別の意志を伝えた。ものすごく勇気がいることだったけれどがんばって切り出した。そして終わらせては、次に進んだ。

やるかやらないか迷ったとき、やらないほうを選ぶのは楽だ。だけど、それだと結局ずっと悩んだままになる。停滞した日々が延々と続くことになる。そんなのすごく嫌だ。

それに、いつかは必ず耐えられなくなるだろうとも思う。私の体質からしても、一生悩んだままでいられるわけがない。ということは、気まずいことを言うしかない日は、いつか必ずくる。そのときが来たら勇気を振り絞るハメになる。

そう考えると、さっさと勇気をかき集めて、今すぐ済ませてしまったほうが得であることに気づく。先送りにしたらその分だけ、悩んでいる状態が延長される。それは損だ。今すぐ勇気をかき集めて、一刻も早く悩みを解消したほうが利口だ。

そんなふうに自分を説得して、いつも背中を押してきた。

結局、自分は「そっち」を選びたい

そもそも、勇気がいるAと、勇気がいらないBとで迷っている場合、それって本当はAを選びたいのだと思う。Bのことを「こっちも捨てがたい」なんて思っていない。心はAにしか魅力を感じていない。

だって、本当にBでもいいのなら、Bに即決するはずだ。Bにすれば勇気を使わずにすんで楽なのだから。

それなのに即決できていない時点で、本音は「Aが理想」「どうにかしてAを選びたい」のだ。勇気がいるのに選択肢から消えないだなんて、そのプランがよっぽど魅力的だからで、心惹かれていて、ワクワクしているからだ。

だから、私はいつも勇気がいるほうを選ぶ。それは全然、楽勝なことではないし、すごく「ヒーーーー!!」となることだけど、ヒーヒーなりながら、どうにかして勇気のいる選択をしている。しているというか、させている。

お金は人を
幸せにしかしない

4 お金

9割の不幸はお金で解決できる

いくらでもお金を払える人になりたい

私がお金を稼ぐのは、不幸から身を守るためと、幸せを買うためだ。

人生に起こるトラブルの9割はお金で解決することができるし、ストレスもそう。ほとんどはお金で解決できる。

たとえば、隣の家がうるさかったり、隣人が嫌な人だったとする。でもそんなこと、お金があれば解決できる。引っ越せばいい話だ。

エアコンから変な臭いがしたとする。お金があれば、清掃業者を呼べばいい。暑いから歩きたくないと思ったとする。お金があれば、タクシーに乗ればいい。

ストレスは、命をすごく削る。そして命は、数少ないお金では買えないものだ。お金では買えない命を、お金を払えば解決できることなんかで壊したくない、と思う。

だから私は、お金さえ払えば解決できることを「お金がないから」と耐えるしかない人になるのは絶対に嫌で、いくらでもお金を払える人になりたい。

お金で解決できないことも、もちろんある。

たとえば、不治の病にかかってしまったら。世界のどこかに治せるお医者さんが一人でもいれば、お金を積めばイケるかもしれないけれど、治療法が世界中のどこにも存在しない病にかかってしまったときには、お金は無力だ。

大好きな人から「もう君のことは好きじゃない」「他に好きな人ができた」と言われてしまったら。そんなときもお金は無力だ。

いくらお金があっても、どうしようもない問題もある。

一つの命が抱えられるストレスの量には限度があると思う。だからせめて、お金で解決できることはお金で解決してしまいたい。逃げられるストレスからは、できるだけ逃げておきたい。だけどそれにはお金がないと無理だから、私はお金を稼ぎたい。

思い出も「お金で買える幸せ」

逆に、幸せな気持ちには、命を守る力があると思う（私の中では、ナチュラルキラー細胞を発生させて健康寿命を延ばしてくれるイメージ）。

だから、自分を「幸せ！」という気持ちにさせてくれるものを見つけたときにはバンバン買いたい。美味しいものを食べることや、ほしいものを手に入れること、こういうのは全部、お金で買うことのできる「幸せ！」だ。


結婚式や新婚旅行のような思い出もそう、お金がないと買えない「幸せ！」だ。

一緒に思い出を作る相手はお金では買えないから、思い出＝プライスレス系のイメージがあるけれど、相手がいてもお金がないと作れない思い出というのはたくさんある。
たとえば、結婚式をしたことで両親に手紙を読む機会を得られて、普段だったら照れくさくて絶対に伝えられない気持ちを伝えられたし、手紙を読んだ流れでハグをすることもできた。大人になってから両親とハグをしたのはこのときがはじめてだったし、きっとこの先もないことだと思う。結婚式にまつわる思い出はどれも、お金で買った幸せだ。

人を狂わせるのはお金が〝ない〟ことだけ

お金は人を幸せにしかしない、と思う。不幸にする可能性がない。お金はあればあるほどいい。もっともっと稼げる人になりたい。

お金が原因で人の嫌なところを見ることはよくあるけれど、それってお金がないパターンだ。お金がキッカケで様子が変わってしまったり、いけない行動に出るのは、お金がない人。お金のなさは、人の嫌なところを浮き彫りにする。

でも、お金があることで変になってしまう人は見たことがない（変な人がお金を持っていることはあるけれど、それはお金のせいではない）。お金が足りなくて壊れる人や狂う人はよくいるけれど、お金に余裕があることでそうなる人は見たことがない。

お金では買えない命（健康寿命）と、プライスレスな愛してる存在との日々を守るために、私はたくさん稼ぎたい。

お金が「特別」な理由

使うからこそ幸せが生まれる

お金は、それ自体に価値があるのではなくて、色んなものに換えられるからすごい。他のどんなものよりも一番色んなものに換えることができる。

品物にも交換してもらえるし、技術にも交換してもらえるし、知恵や情報や体験など、ありとあらゆるものを買い取れる。

お金を払えば、全く知らない人に家具を組み立ててもらうことができる。お金を払っているから、知らない人がご飯を作ってくれるし、お水を汲んでくれる。なんの縁もゆかりもないのに、お鮨を握ってくれる。20年間かけて修業してやっと培った技術を、孫でもなんでもないのに提供してくれる。お金って、すごい。

つまり、お金はお金以外のものに換えてこそ価値があって、幸せが生まれる。だからお金は使うべき。お金をお金のままにして置いておくだけだと、稼いだ意味がない。

「美人」のように個人差がない

お金を払うことは、誰にとっても同じダメージがある。

財布からその金額が減る、というのは誰にとってもどうでもよくないことで、金額分のダメージをくらう。だからこそお金の払い方には気持ちが出る。

仕事の評価として一番わかりやすい、というのもそこ。払ってもらえることには必ずそれだけの意味があって、報酬は「それだけの価値」を見出されたという証になる。

なんとなくで払ってくれる相手なんてどこにもいない。企業でも個人でも、何かにお金を払うときは、必ずそれだけの価値を見出していて評価をしている。

こんなにも、誰にとっても同じ価値を持つものはお金しかない。

たとえば「美人な女の子」とかだと「俺、ちょいブスのほうがそそられるんだよね」とか色々と趣味があり、どれだけ万人ウケするものでも、反応しない人が必ず一定数いる。だけど、お金は全員が同じ価値を見出している。

あげれば必ず役に立つし、「お金はちょっと、いらないわ。もらっても困る」という人はいない。誰にとっても、どんな奴からもらっても、100%ためになる。もらって絶対に困らない。そんなものは他にない。

だからお金は特別だし、すごい。

ケチると稼げない人になる

お金を稼ぐためにお金を使う

節約はしない、と決めている。

お金が足りないのであれば、節約をするのではなくて稼ぐ額を増やすことを考えたい。そのがんばり方のほうがワクワクする。

それに「節約をしてしまうと稼げる人になれない」と思っているから、節約するわけにはいかない。

お金を稼ぐということは、誰かにお金を払ってもらうということだ。

だから、〝人がどんなときにお金を払う気になるのか〟に詳しくなりたい。人がお金を使うときの気持ちの動きについて知りたい。

私はお金を使いながら、お金を使っているときの自分の気持ちの動きを観察している。なぜ私は今これに対してお金を払う気になったのか。「買ってよかった！」「払った価値があった！」という気分になるのは、どんな買い物をしたときなのか。逆に「買わなきゃよかった」「損した」という気分になるのは、どんなときなのか。

お金を使うことは、もれなく〝稼げる人になるための先行投資であり、必要経費〟。お金を使わないと経験できない気持ちや発見できない価値観がたくさんある。

節約は、お金にまつわる大切なことを知る機会を減らしてしまう。それは困る。

使いこなせない高機能を買うのはムダ

だけど同時に、「価値のわからないものにはお金を払わない」ということにもこだわっている。ケチることは絶対にしないけれど、必要ないものには1円も払いたくない。

だから「何に対して、お金を払ってるのだろう？」ということを、すごく考える。

たとえば、15万円の洗濯機と20万円の洗濯機があったとする。店員さんに「この値段の違いは何ですか？」と質問をして、説明をしてもらったときに、その差が理解できなかった場合、20万円のものを選ぶのはムダだ。使いこなせない高機能は買ってもしょうがない。「結局、何にお金を払っているのだろう？　この値段の分、どうよくなっているのだろう？」という部分がわからないものには払わない。


野菜や果物や調味料や日用品などは、電化製品と違って一度試してみないとわからないことが多いから、どっちにしようかと迷ったら、とりあえず高いほうを買ってみる。

それで「ああ、やっぱり全然、味が違う！」とか「使い勝手が断然いい！」と感じればリピートするし、「安いものとの違いがわからない」と感じたら次からはもう買わない。グレードを落としていく。

野菜はしっかり選んで買えば安くても美味しいものが多いけれど、お肉は安すぎると必ずまずいから、極端に安いものは避けるし、基本は国産のものしか買わない。外国産のものは〃コマ切れ肉〃でも国産のそれとは切り方が違っていて、厚みがありすぎて使いづらかったり、獣くさかったりする。そういうふうにハッキリと違いが理解できるものにはお金を使う。

でも「この差ってなんだったんだろう」と思うときは、私には違いがわからないということだから、高いものを買う価値がないなと思う。

課金対象をハッキリ定める

逆に、何にお金を払っているのかを自分がちゃんとわかっているのであれば、まったく同じものを違う値段で買うのもアリだ。

商品としては同じものでも、「一刻も早く欲しい」と思っている自分がいて「ここで買ったほうが最速で手に入る」という状況であれば、高くてもそこで買うし、裏通りのお店まで回ったほうが安く買えるとしても、歩くのが面倒くさい気分であれば近場で割高なものを買う。「これは歩数を減らすことに対しての課金だ」と納得して払うから損をしたとは感じない。

なんの考えもなしに、余分なお金を出すことはしない。

お金は有限で、残しておけばその分また他のものを買えるから、同じ金額で少しでも多くの幸せを買うやりくりをすることにはこだわっている。

買い物をするときは値段を見ない

本当にそれがほしいのかをハッキリさせる

物を買うときは、最初に値段を見ないようにしている。

値段を知るよりも先に、買うかどうかをまず決める。値札を一度も見ないままお会計をするのが基本で、ごくたまに確認する場合も、本当に最後の最後。

理由は二つある。


まず「安いから、まあいいか」という感覚で買ってしまうことを防ぎたい。

「安い」と感じる物って買うハードルが下がるから危ない。でも、そうやって「安いから、まあいいか」という勢いで、たいして気に入っていない物をつい妥協して買ってしまうと、必ず後で、もっといい物が出てくる。そして買い直すハメになれば、お金は二重にかかるし、さらには家に余計な物が残ってしまう。つまり、本当に気に入った物だけを「絶対にコレがいい！」と思いながら買うようにしないと、逆に高くついてしまう。

そして逆に「高い！」と感じる場合。これもまた問題で、「高い」と最初に思ってしまうと、〝ほしいかどうか〟じゃなくて〝買えるかどうか〟で考えてしまうから危ない。

本当にほしいのかどうか、自分の気持ちがわかりづらくなる。よく考えたら、値段云々じゃなく「買うほどほしくもないから買わない」物かもしれないのに、買うかどうかを決める前に「高いから買えない」と思ってしまうと、変に未練が残ったりする。

そうやって、安いからとムダな物を買ったり、高いから買えないのだと思い込んだりしてしまうことを避けたいから、まずは「そもそも本当にほしいのか」という気持ちの部分をハッキリさせるために、値段を見ずに、買うか買わないかを決めてしまうことにしている。

買うと決めてから値段を見て、本当に買えない値段だったらどうするのかというと、そのパターンは過去に一度もない。

買えない価格帯のお店にはそもそも行かないから、どうあがいても買えない、となることはない。がんばれば買える。勇気を出せば、「明日からもっと仕事する！」と稼ぐことへの気合いを入れれば、買える。

買った物がゴミになるストレスが嫌すぎる

それから、何を買うときも「私はこれをゴミにしてしまわないだろうか？」と、すごく考える。

厳選して買っていても、使ってみたらしっくりこなかったり気に入らなかったり活かせなかったりして、持て余してしまうことは多々ある。そうしてそれがゴミになった瞬間、かなりのストレスを感じる。

今の時代、物を捨てるのは手間もお金もかかることだ。いらない物を買ってしまった時点で「お金がもったいないことをしてしまった……」という後味の悪さがあるのに、さらにそれを捨てるためにもお金がかかり、面倒くさい思いまでするとなると、なんだかもう辛すぎる。

だから、基本的に物を買うという行為に対しては慎重で、日用品のまとめ買いなどもしない。

まとめ買いをしたほうが安くなる場合のほうが多いけれど、ストックを持つことは、使い切らなきゃいけないノルマを抱えるようでプレッシャーに感じる。使い切らないうちに、他にもっと良さげな新商品が発売されてそっちを使いたくなったらどうしよう、と不安になる。

「持て余してしまうかも……」と考えると気が重いし、ストックを持つ＝収納スペースを使うわけで、そこには家賃が発生しているから、結果的に安くもないな、とも思う。

ほぼ毎日自炊をするけれど、食材のまとめ買いもしない。「買っちゃったから使い切らなきゃ」という義務感だけで、食べたくもない食材を食べるハメになる可能性を想像すると気が重くなる。急に外食をしたい気分になるかもしれないし、自炊をするにしても、明日食べたくなるものなど、今はわからない。

「ほしいな」を放置しない

買うことを先送りにしない、というのもマイルール。

買うのなら今すぐ、と決めている。数日以内に安くなることが確定しているなどの事情があれば別だけれど、同じ金額を払うのなら、今すぐに買う。それが一番お得な買い方だから。

だって、早く買えばその分だけ、それを長く使える。物を買うというのは、そこからの生活をバージョンアップさせることだから、無意味に先送りにするのはもったいない。

「いつか買おう」「そのうち買おう」と考えている自分を見つけたときは「なんで今買わないの？」「それって何待ち？」「いずれ払うのなら、今払っても同じじゃないの？　一時的に出し惜しむ意味あるの？」と自問自答して、具体的な理由が浮かばなければ先送りにしないように気をつけている。「どうせ買うなら今すぐ買うのが一番得だよ！」と言い聞かせてる。

そんなふうに、ほしいものを見つけたら即買うようにしているから、「ほしいなぁ」と思いながら買わないでいるものは一つもない。

こうやって即買える状況を保つためにも「ムダ遣いは絶対にしたくない！　1円もムダな出費はしたくない！　ほしいものを見つけたときのために取っておくの！」と思っている。

どんなに自分で稼いでも、夫のお給料で暮らす

私は絶対に養われて生きていきたい

結婚する前から、「もしもいつか結婚をしたら、そのときは夫となる人のお給料だけで生活をする」ということは決めていた。

私の稼ぎがどうであろうと「私は絶対に養われて生きていたいの！」という方針であることは伝えた上で結婚をしたから、家賃とか光熱費とか水道代とか食材費とか日用品とか、暮らしていくことにかかるお金は全て彼の稼ぎから払うのが我が家のルール。彼のお給料＝家庭のもの、家計のお金、というスタンス。

なぜ絶対に養われて生きていたいのか、というと、理由は二つ。

まず、私の稼ぎありきで家庭を作ってしまうことは、すごく危険だからだ。下田美咲業は計画的に稼ぐことができない。固定給や時給の仕組みもないし、どれだけ稼げるようになっても、会社勤めをして昇給を積み重ねてきた状態とは違うから、来月はゼロの可能性が常にある。

私の月収は毎回「今月は、たまたまその金額だった」だけで、来月以降のことはいつだって白紙。オファーがなければ働くことさえできないし、どれだけ原稿を書いてもそれを他人から「読みたい！」と思われなければ1円にもならない。

私の仕事は、下田美咲を材料に商品を作って値段をつけることだけれど、それを買ってもらえるかどうかは世に出してみるまでわからない。常に「結果的にタダ働き」となるリスクを抱えている。私には「結果的に稼げた！」という稼ぎ方しかできない。

そんな不確かなお金を家計に合算して家庭を作ってしまったら、私が無収入になったときにその家庭はどうなるのだろう、と思う。
家計の崩壊はそのまま家庭の崩壊につながる。子どもを産む以上、家庭は確実に維持していけるやり方とサイズ感で作っておきたい。

正直なところ、ここ数年の私の稼ぎは多くの男性の数倍ある。私の収入で家計を回せば、もっといい家に住めるし、子どもをどんな学校にでも入れてあげられるし、高級な食材を買い続けても大丈夫になる。
だけど、私の稼ぎをアテにして暮らしを作ってしまうと、突然にグレードダウンするしかなくなる日がくる可能性がある。それは子どもの心や実生活をすごく振り回してしまう。

だから、基本の家計は彼の収入だけでやりくりすると決めている。彼のお給料の範囲内で成立するサイズの暮らし方をしておく。彼のお給料も100%保証されたものではないけれど、私の不安定さと比べたら、かなり確かなものでアテにできる。

生きるために嫌な仕事をしなきゃいけないのなら、生きていたくない

もう一つの理由は「生活費を稼がなくちゃいけない立場になるのは絶対に嫌だ」と昔からずっと思っていた。生きていくためにがんばって働く、という生き方をしたくない。

働かないと食べていけない、家賃を払えないと住むところがなくなる、という立場になったら、不本意な仕事でもやらなきゃいけなくなってしまう。私はそれがどうしても嫌。

だから、独身時代は親に対して「私のことは、そっちの一方的な希望で産んだのだから養う義務があるよね。養ってね！」というスタンスを貫いていたし、結婚するなら夫に養ってほしいから彼に対して「私は養われて生きていきたい女だよ」と宣言をした。

私は一生、働かなくても生きていける、という大前提に守られていたい。そうでなければ、のびのびと働くことはできない。

そもそも、食べていくために嫌な仕事をする必要があるのなら、もう何も食べないで死にたい。ただ生きていく、そんなことのために働くのならば、生きていかないことを選びたい。楽しくもないのに生きていてもしょうがない。

毎日がちゃんと楽しくないと、未来に命をつなぐ意味がわからない。嫌な仕事をしてまで食費や家賃を確保して生き延びる意味って何だろうと思う。

私にとって「養われて生きていく」ことは、死にたくならないように生きていくために譲れない条件だ。

そんなわけで、ここ数年は安定して稼げているけれど、養われて暮らすことにはこだわっていて、生活費は1円も出していない。

私の稼ぎは幸せを買うために使う

では、稼いだお金はひたすら独り占めなのかというと、そんなことはなくて、私と彼（もうすぐそこに子どもが加わる）の幸せを買うことに注ぎまくっている。

稼げている限り、私には自由に使えるお金がたくさんあって、いくらでもほしいものを買えるけれど、彼は目一杯に働いていてもお給料が全て家計に回るから、自由に使えるお金がない。

「俺が養うから結婚しよう！」と言ったのは彼だし、養うことで精一杯な収入しかないのは彼がそういうふうに生きてきたからなので、今の彼に自由に使えるお金がないのは本人の自己責任でしかないのだけれど、私は彼を愛しているから、ほしいものがあっても我慢するしかない様子を見ていると可哀想になってくる。

だから、私が稼げている月は、彼にもご褒美を与えたりラッキーチャンスを作るようにして、私の稼ぎが彼の幸せにもなるように工夫している。

「最近ずっとイイ旦那さんだったからご褒美あげる！」というふうにして、生活態度次第でほしいものが手に入るようにしたり、「原稿料チャンス！」と題して「いっぱいお金が入ったからなんでも食べられるの！　何食べたい？」と訊いて一緒に贅沢な食事をしたり。あとは、二人の暮らしが楽しく便利になるような家具や家電をバンバン買ったり。

こうすることで「妻の仕事がうまくいく＝自分にもイイことがある」と思ってもらえるから、彼に仕事を応援してもらえることにもつながる。私の稼ぎは家計には合算しないけれど、彼から「俺には関係のないもの」と思われないように気をつけている。そう思わせてしまったら、近い将来、夫婦仲に亀裂が入るような気がする。

懐状況はオープンにする

ご褒美やラッキーチャンスは、あくまで「今月は仕事がうまくいった。今回は運良く努力が実を結んだから稼げた」という大前提の元で発動している制度だから、安定したお金持ちだと思われて頼りにされても困るので、誤解されないように、懐状況は実況中継するようにしている。

私にとって、売上がいくらを突破すると「儲かった」と言える状況なのか。次回の収入がいくらになる見通しが立ったときにチャンスを発動しているのか。

そのあたりを常日頃から説明した上で、こまめに「もうすぐ大台なの。チャンスあるかもね！」と言ったり「今月はノルマさえ達成できないかも……」と落ち込んだり「巻き返した！　突破できた！　だから今月はミツバチ（私の財布の通称）チャンスできる！」と騒いだりしている。

だから彼は、私の仕事の浮き沈みに、私と一緒になってドキドキしたりハラハラしたりワクワクしていると思う。

せっかく稼げている今、大好きな人とそれを使ってとことん幸せに過ごしたいけれど、一見するとかなり安定して見える私の財力が「たまたま今月はうまくいった」の繰り返しであること、妻の財力は不安定なものなのだと夫にはしっかり認識していてほしい。

そういう意味でも、家庭にとって絶対に必要なものは必ず彼に払わせると決めている。逆に、あってもなくても平気な贅沢品なら、いくらでも私のお金で買う。

基本の照明の電球が切れたら彼が買わないとダメだし、電気代は絶対に払ってもらうけれど、ただのお洒落な間接照明なら私が買う。掃除機は買ってもらわないと困るけど、布団クリーナーはなくても生きていけるものだから私が買う。家で作るご飯の食材は絶対に彼のお給料から払うけれど、贅沢な外食ならいくらでも私のお金を使うから一食に何万でもかけたい。

稼げているときにしかできないお金の使い方をする

それに、贅沢なお金の使い方って、儲かっているまさにそのときにしかできないものだと思う。

少なくとも私は、貯金がいくらあったとしても今ぜんぜん稼げていなかったとしたら「贅沢なことに使おう!」という気持ちになれない。

だから「稼げた！」と思えたときは、積極的に贅沢なお金の使い方をするようにしている。「これは稼げているときにしかできないお金の使い方だなぁ」と思いながら、あえてやっている。

それは今しか作れない（かもしれない）思い出だし、定期的に「稼げるようになってよかったー！　お金って素敵だー!!」という気持ちになっておくことは、稼ぐ意欲を維持するために重要なことだとも思う。「働いた甲斐があった！」という実感は、そのまま仕事のやる気につながるから、小まめにお金を使ってイイ思いをするようにしてる。

稼げる人であり続けるために、そしてもっと稼げる人になるために、お金を使って幸せになる習慣を持っておくことは、大切だと思う。

お金で買える快適を買いまくる

物欲はあまりなくて、あだ名は断捨離子

家に置いている物は、かなり少ないほうだと思う。余計な物が部屋の中にある状態がすごく嫌だから、どんどん捨てる。あまりにも片っ端から捨てるから、夫から「断捨離子（ダン シャリ子）」というあだ名をつけられているほど。

いらない物を家の中に置いておく、というのは、家賃のムダ遣いだと思う。捨てればその分もっと家を広く使えるわけだし、それがなければもっと狭い家に住んで

家賃を浮かせることもできる。

読み終わった本はすぐさま売りたいし、読み終わっていなくても、もう続きに興味がないのならさっさと売りたいし、彼にも売ってほしい。漫画はレンタルかマン喫で読んでもらわないと困る。


物欲はあまりないほうだと思う。

ファッションにまつわる買い物は、義務感だけでこなしている。外見はすごく大切だから「なんでもいい」とは思わないし、「コレじゃなきゃ」というものを探すことにはこだわるけれど、興味や意欲は全然ない。

たとえば洋服は、必ず何かしら着ないといけないし、何を着るかで結構人生が変わってしまう。だから仕方がなく買いに行くけれど、洋服を買うことは疲れるだけの作業だし、公私ともにスタイリストに丸投げできるのであればそうしたい（でも、私に似合うものを用意してくれるスタイリストを探すことは、似合う洋服を自分で探すことよりも大変）。

ストレスを減らすアイテムが好き

一方で、キッチン用品、家具、家電を買いに行くのはワクワクする。それを買うことで生活が快適になるような物には興味と意欲がある。

キッチン用品は「もうコレ以外使えない！」と思えるような運命の一品に出会えた分だけ料理が楽になる。たとえばピーラーは100円でも買えるものだけど、1000円くらい出して買うと、断然、野菜の皮がむきやすくなる。安いピーラーは皮がいちいち刃の間に詰まったりして不快感がある。大根おろしも、それ専用のおろし器を使うと勝手に水切りをしてくれたりと、だいぶ不快感を減らせる。

寝具も色々ある。ただ布団を覆うだけのシーツもあれば、体感温度を下げたり上げたりする機能を持っているシーツもある。そういう寝具を買うと、ほとんどの時期を冷暖房なしで快適に過ごせるようになり、空気が乾燥するというストレスを生活から取り除ける。

生活に生じる不快感を取り除いてくれるようなアイテムを買うのは大好き。お金で買える快適を探すのは趣味だと思う。

「買ってよかった」と何度も思える物がいい

ウォーターサーバーも、買ってよかったアイテムの一つだ。レバーをひねるだけで、いつでも熱湯と冷水が出るから、沸かしたり氷を入れたりという手間がなくなり、ストレスが減った。飲み物を用意することの面倒くささがゼロになって、いっぱい飲めるようになった。

それに、ジュース中毒気味だった夫がほとんどジュースを飲まなくなった。水が美味しいおかげで、のどが渇いたら水を飲むようになったのだ。「こんなにジュース飲んで大丈夫なのかなぁ……」と心配したり、「歯みがきした後にジュースを飲んじゃダメ！」と注意したりする必要がなくなったりと、ウォーターサーバーを買ったことでなくなったストレスがたくさんある。

つい先日は、出産後の「焼肉に行けないストレス」に備えて家で焼肉をするための家電を買ったのだけど、これも買ってよかったアイテム。

出産したら、しばらく焼肉屋さんに行けなくなる。そのことで不満を感じるのが嫌だったから「家でできるようにしたい！」と思って買ったのだけれど、赤外線で焼く仕組みになっていて、炭火で焼くよりお肉がやわらかく焼けるから、豚焼肉に関しては、むしろ焼肉屋さんに行くより美味しくてとてもテンションが上がった。もはや産後の外食できない対策とかは関係なく、出会えてよかった家電。

こんなふうに、ストレスを感じづらくするための工夫にお金を使うのが一番好き。こういうお買い物をすると、生活をしながら何度も「買ってよかった〜」と実感できるから、とても気分がイイ。

余分な物は一つも家に置きたくない主義だけれど、ミニマリストのように最低限の生活必需品しか許さないわけじゃなく、私の人生を快適にしたり不快感を取り除いてくれるものは、いくらあっても余分ではないと思っている。
なので、そういう物はよその家よりたくさんある。

最後に、すごく大事な話

私の辞書には、「ネガティブ」という言葉が存在しない。

自分のことをネガティブ思考と言っている人たちのことは「超ポジティブな人だな」と思っている。

だって本人が「私ってネガティブ」と言う場合、それって「現実はそんなに悪くないのに、私ってば必要以上に悪いふうに考えてしまうの」という意味で、つまりは「そんなマイナスに考えなくてもいいのにね?」と現実に対しての期待がたっぷりの発想だ。

どんだけポジティブなんだ、と思う。

私はいつだって「この先には、こんな悪いことが起きて、こんなひどいことになるだろう」と決めつけている。

この、最悪の事態を想定するアイデアの豊かさに関しては誰にも負けない気がする。誰がどんな最悪な事態の想定を語ってくれても、私はもっと、最悪なパターンを言える。

そしてそれでもなお「でも現実は、きっともっとヤバい。私の想像なんかをはるかに越えて、さらに残酷で悲惨な展開があるはず。それが人生だ」と考えている。

だから、思っていたよりも悪いことが起きなくて、いつも拍子抜けしている。私の予想と比べると、現実はいつもやさしいというか生易しい。

毎月「きっと来月は売上ゼロだ」と思っているのに下がらないから不思議だし、妻が妊娠したら浮気をするのが普通で、して当然なのに「なんで彼は浮気しないのだろう、こんなのは異常事態だ」と落ち着かないし、料理をするときは毎回失敗する予定になっているから美味しくできるたびにビックリする。

悲惨じゃない現実はどれも、私にとって「意外」な展開だ。

私のここ数年の人生は、かなりうまくいってるけれど、いつまでたっても「こんなのおかしい」と感じているし、「どこかに落とし穴があるはずだ」と疑い続けている。

こんなにも世の中みんなうまくいってないのに、なんで私はうまくいくの？　そんなのおかしい、人生に悲惨じゃないパターンがあるなんて信じられない！

そう思っている。

そうやって、いつでも最悪の事態を想定しているから、そうならないための準備や手配を徹底している。「これぐらいは悲惨なことになるだろう」と考えているから、リスクヘッジとしてありとあらゆる手を打ちまくっている。それはもう基本的なこととして、あたりまえのように。

「カップルはそのうちセックスレスになるに決まっている」「浮気はされるに決まっている」と思っているから、そうならないための作戦を考えては、実行している。

たとえばオーディションを受けるなら、受かると思って受けるのではなく、落ちることを大前提として「オーディション自体は落ちるとしても、オーディション会場に行けるということは審査員の人に出会えるということ。であれば、最低限あれとこれは手に入れて帰ろう」というふうに作戦を考える。

緊張するようなことに臨むときは「緊張して何も言えないに決まっている」から、はじめから何も言えないことを想定して、それでもイケる作戦を立てる。頭は真っ白になるに決まっているし、言いたかったことの8割は飛ぶだろうし、心臓がバクバクして口はカラカラになるに決まっている。そういう体調でも、できることは？　そういうふうに考えて、準備をする。

告白をするのなら「振られるだろうから、振られた場合にどう出るか」を考える。振られる際に語られる理由をいくつも想定して、どう言えばそれが覆せるかを。

私は常に、そういうふうに徹底的に備えることで、最悪の事態を回避してきた。そしてそのリスクヘッジは、その場でのベストを尽くすことになっていた。

私は最近「とりあえず6億円ほしい」と思っている。それは、今後の人生設計を考えると6億円くらいは用意しておかないと心配だからで、つまりはすでに6億円分のトラブルを想定している。こういうことが起きれば、このくらいのお金がかかる。そう考えていくと、思いつく範囲内でも6億円くらいのお金がかかるイメージが広がっていて、不安になっている。

私の人生がこれほどうまくいっているのは、私が事前に想定している不幸の量が多いからだと思う。だから先回りすることができて、そうなってしまうことを防げている。

人生がうまくいっていない人は、もっともっとマイナス思考になるべきだ。不安は必ず的中する、悪い予感は絶対に当たる、と思うべき。

人生には、いくつか、本当にどうしようもないことがある。たとえば、生まれてしまったこと、死んでしまったこと。これは私が思う〝どうしようもないこと代表〟で、すでに生まれてしまったものを殺すわけにはいかないし、すでに死んでしまった命を生き返らせることはできない。

そのことについて考えるたびに「それに比べたら」と思う。あれもこれも、全然まだまだどうにかできるじゃん、どうしようもあるじゃん、と。

何の手も打っていない人が多過ぎる、と思う。

うまくいかない事態の想定自体も甘いなとは思うけれど、仮に想定はしていても、だからといって何もしてない。大半の人が、ウジウジと恐れているだけで、何の手も打っていない。

私なら「では、そうなることを防ぐために何ができる?」「そうなった場合に、でもそこで奇跡を起こすアイデアないかな?!」という考え事を、さっさと始める。

みんな、どうして手を打たないのだろうと思う。心配事があるならば、ただその場でうずくまって心配をしていてもしょうがないのだから、少しでも現実をマシにするための行動を取らないと。「こうなったらどうしよう」と思うのなら、そうならないように準備をすればいい。

「なんとかなるさ」と言われると「いや、どうにかしようよ」と思う。「なるようになるよ」と言う人の人生は、なるようにしかならない。私は、なりたいものになりたい。そうなれるように、する。

私は手術を受けるとき、仮にお医者さんの腕を100%信頼していても、失敗することを前提にしている。だって、どれだけ先生の腕が確かだったとしても、手術中に地震が起きたら手元が狂う可能性はある。地震とか天災系のことを視野に入れたら、どんなに簡単な手術でもまあまあなリスクがある。そういう意味で、レーシックの手術を受けたとき、私は失明を視野に入れていた。

いい病院を探して、優秀な先生を確保することまでは、手配できることだけれど運のよさは用意できない。手術を受けるときは、最終的には「運が悪くないこと」を願うしかない。

だけど、運が関わってこないことのほうが、世の中にはずっと多い。ほとんどのことは運のせいじゃないし、運のよさなどなくても、どうにかできる。

人生がうまくいかないのは、いつだって準備と手配が足りないせいだ。

私が失敗しないですんだとき、そしてうまくいったとき、そこには必ず、私の根回しがあった。そうなるように、あるいは、そうならないように、私が必ず準備と手配をしていた。

人生は悲惨なものだから。こんな私にはもうあとがないから。失敗するに決まっているから。普通に考えて夢は叶わないものだから。

だから、どうしようか。

そう考えて、私は生きていく。

こんな世の中で、幸せに生きていけるなんて奇跡だと思う。だから奇跡が続くように、それだけの行動を取って、作戦を打ちまくって、幸せでいられるように企画して、ここから先も生きていく。

下田美咲（しもだ・みさき）

1989年生まれの28歳。

13歳でスカウトされ、モデルとして活動。ほどなくして「自分は嫌なことを我慢してやると即効で体調を崩す」ことを知り、常識的なやり方で成功することをあきらめる。

高校卒業後は数年間のニート生活を送る。

21歳のときにYouTubeで「下田美咲の動画プロジェクト」をスタート。再生回数は1000万回を突破。

26歳のときにcakesでウェブ連載「下田美咲の口説き方」をスタート。一般常識にとらわれない破天荒さと、それでいて筋の通った持論が魅力で2016年の同サイト年間ランキング1位を獲得。小説形式の連載も新たに始まり、念願だった文章を書いてお金を稼ぐ生き方を手に入れる。

2017年には、“今最も見たい女性”の日々に密着するフジテレビ系番組「セブンルール」の密着取材を受ける。

私生活では2016年11月に交際0日で結婚、2017年9月に第一子となる男児を出産。

公私ともに思い通りの生活を手に入れている。

著書に『新型ぶりっ子のススメ 彼に恋させる、計算ずくの恋愛戦略』(KADOKAWA)、『そうだ、結婚しよう。 愛されつづける非常識のススメ』(毎日新聞出版)などがある。

私《わたし》に都合《つごう》のいい人生《じんせい》をつくる
2017年11月25日　第1刷発行

著　　者　下田美咲《しもだみさき》
発 行 者　佐藤 靖
発 行 所　大和《だいわ》書房
　東京都文京区関口1-33-4 〒112-0014
　電話 03-3203-4511
装　　幀　佐々木 俊＋中西洋子（AYOND）
オビ写真　青野千紘（株式会社博報堂プロダクツ）
本文印刷　シナノ
カバー印刷　歩プロセス
製 本 所　ナショナル製本

ISBN978-4-479-76157-0

http://www.daiwashobo.co.jp